엘리의 소잉테이블
Sewing Table for elri

참 쉬운 나만의 생활 소품 만들기
손바느질·손뜨개 소품 DIY

소소한 일상에서 시작하는 손바느질과 손뜨개

Foreign Copyright:
Joonwon Lee
Address: 10, Simhaksan-ro, Seopae-dong, Paju-si, Kyunggi-do,
         Korea
Telephone: 82-2-3142-4151
E-mail: jwlee@cyber.co.kr

참 쉬운 나만의 생활 소품 만들기

손바느질·손뜨개 소품 DIY

2015. 6. 29. 1판 1쇄 발행
2019. 4. 1. 1판 2쇄 발행

저자와의
협의하에
인지생략

지은이 | 이경은(elri)
펴낸이 | 이종춘
펴낸곳 | BM (주)도서출판 **성안당**
주소 | 04032 서울시 마포구 양화로 127 첨단빌딩 3층(출판기획 R&D 센터)
        10881 경기도 파주시 문발로 112 출판문화정보산업단지(제작 및 물류)
전화 | 02) 3142-0036
        031) 950-6300
팩스 | 031) 955-0510
등록 | 1973. 2. 1. 제406-2005-000046호
출판사 홈페이지 | **www.cyber.co.kr**
ISBN | 978-89-315-8790-6 (13630)
정가 | **19,800원**

이 책을 만든 사람들
책임 | 최옥현
편집 | 정지현
기획·진행 | 아홉번째서재
교정·교열 | 안세현
본문 디자인 | 아홉번째서재
표지 디자인 | 아홉번째서재, 박현정
홍보 | 정가현
국제부 | 이선민, 조혜란, 김혜숙
마케팅 | 구본철, 차정욱, 나진호, 이동후, 강호묵
제작 | 김유석

www.cyber.co.kr
성안당 Web 사이트

■ 도서 A/S 안내

성안당에서 발행하는 모든 도서는 저자와 출판사, 그리고 독자가 함께 만들어 나갑니다.
좋은 책을 펴내기 위해 많은 노력을 기울이고 있습니다. 혹시라도 내용상의 오류나 오탈자 등이
발견되면 **"좋은 책은 나라의 보배"**로서 우리 모두가 함께 만들어 간다는 마음으로 연락주시기
바랍니다. 수정 보완하여 더 나은 책이 되도록 최선을 다하겠습니다.
성안당은 늘 독자 여러분들의 소중한 의견을 기다리고 있습니다. 좋은 의견을 보내주시는 분께는
성안당 쇼핑몰의 포인트(3,000포인트)를 적립해 드립니다.

잘못 만들어진 책이나 부록 등이 파손된 경우에는 교환해 드립니다.

참 쉬운 나만의 생활 소품 만들기

손바느질·손뜨개 소품 DIY

이경은 지음

BM 성안당

오래전 매일 쳇바퀴 돌듯 반복되는 일상에서 벗어나고 싶어
취미생활로 시작한 바느질

바늘 한 땀 놓는 것도 오랜 시간이 걸릴 정도로 바느질에 왕초보였고
짧은뜨기가 뭔지 코바늘을 어느 부분에 넣어야 하는지도
몰라 뜨다 풀다를 반복하기도 했지만
손을 움직여 만드는 것이라면 가리지 않고 마냥 즐기던 시간이었습니다.

손으로 만드는 건 이유 없이 무조건 좋았던 시절

어느 날, 우연히 바느질 수업을 할 기회가 생기면서
하루 단위로 몇 번 배웠던 수강생들이 계속 배우고 싶다는 요청이 있게 되었습니다.
그렇게 바느질과 손뜨개 클래스가 시작되었습니다.
누군가를 가르치게 될 거라곤 생각해 본적이 없었던 저에게
바느질은 단조로운 나의 일상을 깨워준 새로운 시작이었습니다.
혼자 즐기던 바느질과 손뜨개를 작업실에서
수업으로 진행하면서 어떤 부분을 어려워하는지,
또 어떻게 만들면 좀 더 쉽게 만들 수 있을지를 설명하고
완성도 있는 작품을 만드는 방법을 소개하면서
매 순간 저 역시 좀 더 배우고 익히게 되었습니다.

바느질과 뜨개는 기본부터 시작됩니다.

작가들의 멋진 작품들도 들여다보면 기본기를 기준으로 변형이 이루어진 것을 볼 수
있습니다.
간혹 간단한 소품이라도 전체를 뜯어내야 하는 낭패를 보기도 하는데
이는 대부분 기본을 무시하거나 잊어버리고 작업을 했기 때문이죠.
처음 만들어본 파우치나 모티브 모양이 어설프고 제대로 모양이 잡히지 않아
보여도 완성하고 나면 그 어설픈 모양조차도 만족스러울 때가 있습니다.
내 손으로 직접 만들었다는 뿌듯함과 만드는 과정의 기쁨 때문입니다.
기초부터 차근차근 익혀나가다 보면 차츰 완성도 있는 자신만의 작품을 만들 수
있습니다.
그러면서 자신감과 실력이 향상될 것입니다.

바쁘게 돌아가는 일상에서 아날로그적인 시간을 동경하고 그리워하며
함께 수작(手作)을 하는 그녀들을 보면서
10여 년 전 저의 모습을 봅니다.
취미로 시작한 바느질과 뜨개로 많은 사람들을 만나고 이것저것 만들었던 지난날을
돌이켜보면 뿌듯함이 밀려옵니다.
앞으로도 이 책을 볼 독자들과 함께 수작을 하며 오랫동안 함께 즐길 수 있기를
바랍니다.

▲▲▲

HAND-SEWING FOR ELRI _엘리의 손바느질

▲▲▲
HAND-KNIT FOR ELRI _엘리의 손뜨개

●●● 부자재

책에서 사용하는 부자재를 소개하고 각 부자재마다 사용법을 살펴봅니다.

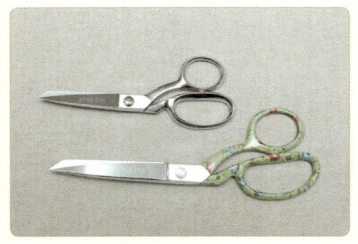

재단가위: 원단을 자를 때 사용하는 기본 가위입니다. 15cm, 20cm 크기의 재단가위가 사용하기 적당합니다.

쪽가위: 실을 자를 때 사용하는 가위입니다.

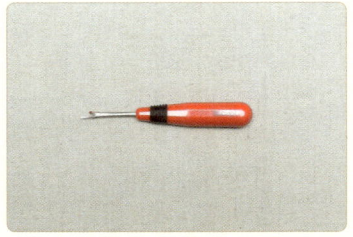

실뜯개(니퍼): 바느질이 잘못되었을 때 천을 상하지 않게 실을 깔끔하게 정리할 때 사용합니다.

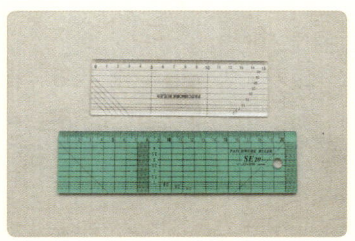

시접자: 일정한 간격으로 시접이 표시되어 있어 사용하기 편리합니다. 15cm, 30cm 시접자를 주로 사용합니다.

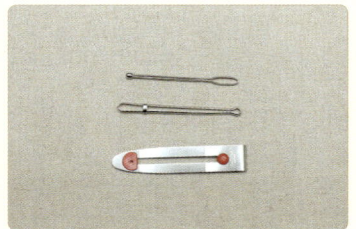

고무줄 끼우개: 스트링이나 넓적한 고무줄을 끼울 때 사용합니다.

시침핀: 시침핀은 원단이 밀리지 않게 고정할 때 사용합니다.

바느질

자동 실 끼우기: 간편하게 실을 끼울 수 있는 도구입니다.

퀼팅실: 표면이 코팅되어 바느질할 때 엉킴이 적고 튼튼합니다. 퀼트, 아플리케, 패치워크용 실로 구분됩니다.

골무: 바느질할 때 밀리는 것을 방지하고 바늘에 손가락이 찔리지 않게 보호하는 역할을 합니다. 용도에 따라 다양합니다.

바늘: 천의 두께, 용도에 맞는 호수의 바늘을 사용합니다. 번호가 작을수록 큰 바늘입니다. 보통 9호를 사용하고 아플리케용은 11호를 가장 많이 사용합니다.

펜: 물을 뿌리면 사라지는 수성펜과 시간이 지나면 잉크가 날아가는 기화펜, 다리미 등으로 열을 가하면 사라지는 아이롱펜, 초크로 된 초크펜이 있습니다. 완성선이나 바느질 선, 시접 선을 그릴 때 사용합니다.

뜨개

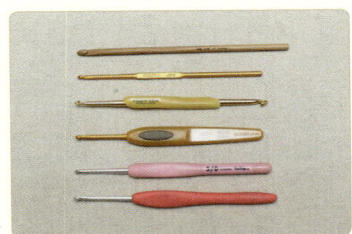

코바늘: 손잡이가 달린 바늘, 한쪽 코바늘, 양쪽 코바늘 등 종류가 다양합니다. 초보자는 쥐기 편하고 손에 피로가 덜 가는 손잡이가 달린 바늘이 알맞습니다. 호수가 커질수록 바늘의 굵기가 굵어집니다.

돗바늘: 바늘 끝이 뭉툭해 뜨개실에 걸리지 않습니다. 실 정리를 할 때 주로 사용하고 실 굵기에 알맞은 바늘을 골라 사용합니다.

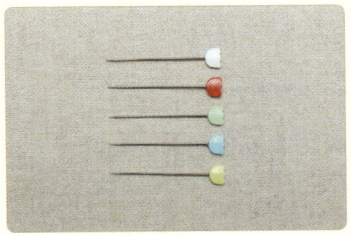

손뜨개용 시침핀: 핀이 길고 끝이 뭉툭해 작품끼리 고정할 때 사용합니다.

단코표시핀: 단수와 콧수를 알아보기 쉽게 사용합니다.

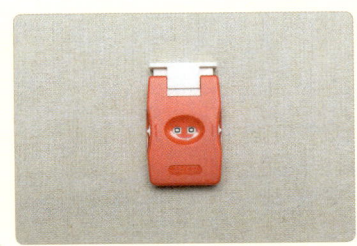

코, 단수기록기: 코수나 단수를 기록하는 데 편리합니다.

HAND-SEWING FOR ELRI

엘리의 손바느질

••• 바느질 방법

원단 식서 방향

• 원단이 늘어나지 않는 방향을 말합니다.

• 작은 소품은 영향이 거의 없지만 큰 작품을 만들 때는 원단의 식서 방향을 잡아 주면 작품의 변형을 줄일 수 있습니다.

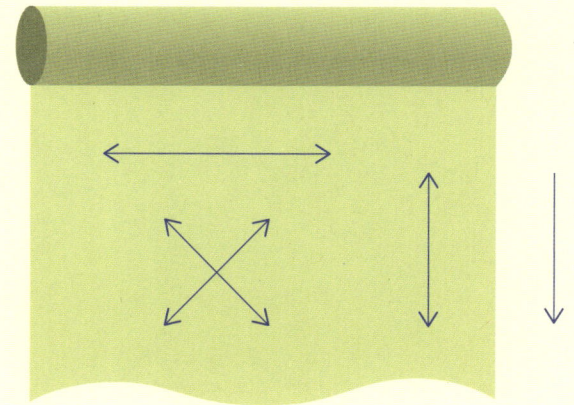

원단 푸서 방향

• 원단의 실이 풀어지는 방향으로 원단이 늘어나는 방향입니다.

• 원단 바이어스 방향 : 작품에 바인딩을 할 때 주로 사용되는 방향입니다.

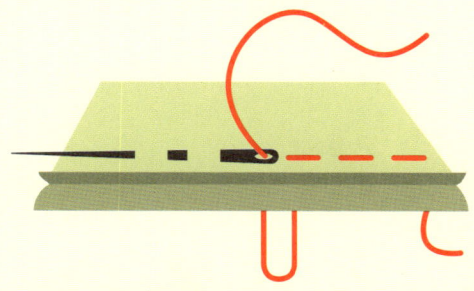

홈질 : 바느질의 기초가 되는 가장 간단한 바느질 방법으로 두 장의 천을 이을 때 사용하는 방법입니다.

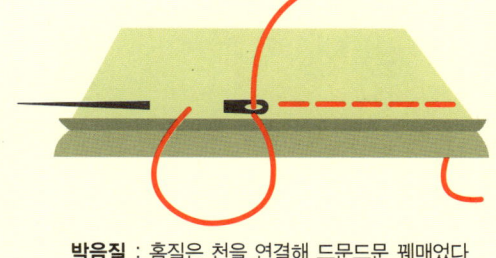

박음질 : 홈질은 천을 연결해 드문드문 꿰매었다면 박음질은 좀 더 촘촘하게 꿰매 튼튼하게 사용할 때 사용하는 바느질 방법입니다.

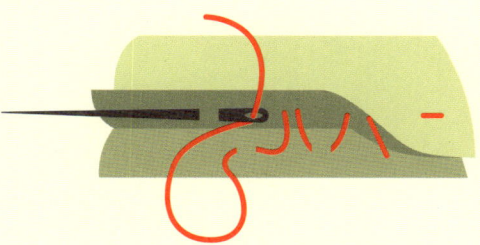

공그르기 : 보통 터진 옷이나 창구멍을 막기 위한 방법으로 실땀이 겉으로 나오지 않게 속으로 떠서 꿰매는 방법입니다.

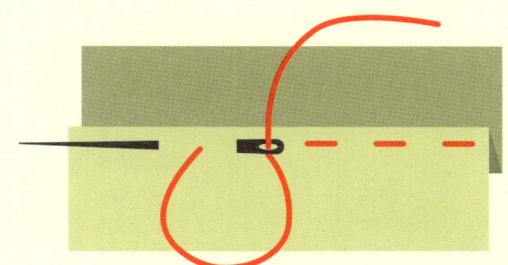

상침 : 원단의 겉면에 박음선이 보이도록 박음질하는 바느질입니다.

가름솔 : 홈질이나 박음질을 촘촘히 한 후에 솔기를 양쪽으로 갈라 눕히는 방법입니다.

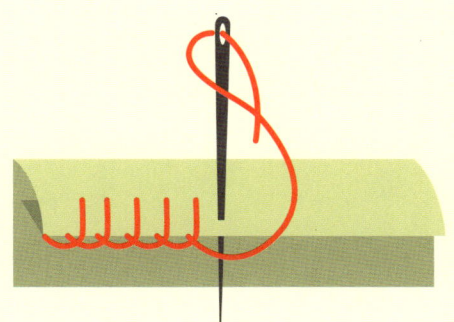

버튼홀 스티치 : 펠트 바느질에서 주로 사용하는 방법으로 실의 풀림을 막기 위한 바느질입니다.

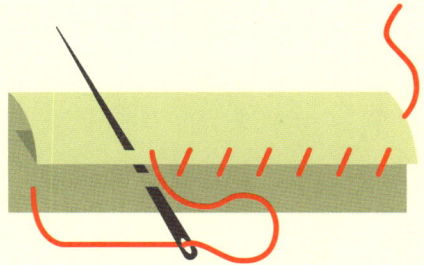

감침질 : 홈질 다음으로 많이 쓰이는 감침질은 원단의 양끝이나 의복의 단이 꺾어진 곳을 꿰매는 방법입니다.

귀걸이나 목걸이 같은 작은 액세서리나

잃어버리기 쉬운 작은 소품을 넣어 보관할 수 있는 쉘케이스,

보관도 가능하지만 빈 공간을 채워주는

인테리어 소품으로도 활용이 가능합니다.

쉘케이스

Info.

- **완성 크기**
  10cm×10cm

- **재료**
  ① 무늬 원단 : 겉감(꽃무늬 원단), 안감(체크 원단)
  ② 퀼팅솜
  ③ 쉘케이스(중간 크기)
  ④ 자수실 : 흰색(BLANC)
  ⑤ 접착본드
  ⑥ 가죽 라벨

- **재단 크기**
  ① 겉감 13cm×9cm(시접 1cm 별도) 3장
  ② 안감 13cm×9cm(시접 1cm 별도) 3장
  ③ 솜(시접 없이 재단) 11cm×7.5cm 6장
  ④ 쉘케이스(중간 크기) 6장(도안 첨부)

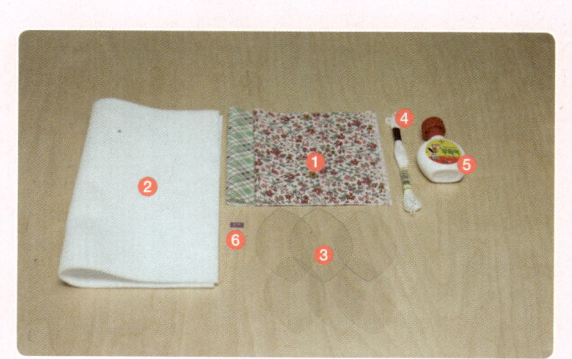

투명쉘이 없다면 도안을 이용하여 얇은 플라스틱을 잘라
사용하세요.

▲▲▲ 몸판 만들기

01 ①겉감과 ②안감에 쉘을 놓고 도안을
그려줍니다.

02 겉감과 안감은 시접 1cm를 따로 준 후
재단합니다. 솜은 시접 없이 쉘 도안대로
그려 재단합니다.

03 투명쉘에 접착본드를 발라줍니다.

04 접착본드를 바른 쉘을 솜에 붙여줍니다.

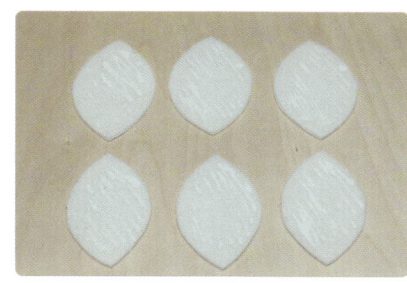

05 총 6개를 만듭니다.

06 ❶겉감 시접 1㎝의 가운데에 실을 두 겹으로 홈질합니다(이때 홈질은 실을 잡아 당겨 주름을 주기 위함입니다).

07 모서리 부분은 2~3㎝ 앞에서 바느질을 멈춥니다.

08 양쪽 모서리는 2~3㎝를 바느질하지 않고 건너뛴 후 바느질을 해줍니다.

09 솜을 붙인 쉘을 겉감 위에 올려줍니다.

10 홈질해 놓은 실을 잡아당겨 주름을 만듭니다.

11 원단이 주름 없이 당겨지도록 실을 당겨 실매듭을 만들어 완성합니다.

12 ❶겉감 3개와 ❷안감 3개를 모두 같은 방법으로 만듭니다.

▲▲▲ 몸판 연결하기

13 ❶걸감과 ❷안감의 안쪽이 서로 마주
보도록 합니다.

14 ❶걸감과 ❷안감의 안쪽끼리 마주 대
고 가장자리 부분을 공그르기로 연결합
니다.

15 3개를 같은 방법으로 모두 완성합니다.

16 완성된 쉘의 두 면을 안쪽이 서로 마주 보게 잡고 모서리 부분을 2~3회 왕복으로 바
느질해 실을 당겨줍니다.

17 공그르기를 합니다.

18 모서리 부분은 과정 16과 같은 방법으로 2~3회 왕복 바느질을 합니다(실은 자르지 않고 그대로 둡니다).

19 남은 한 면을 안쪽끼리 마주 보도록 한 후 모서리 한 땀을 바느질합니다.

20 모서리 부분은 2~3회 왕복으로 바느질해 당겨줍니다.

21 공그르기를 합니다.

▲▲▲ 버튼홀 스티치 바느질하기

22 입구가 되는 윗부분은 바느질하지 않고 열 수 있게 둡니다.

23 흰색 수실 두 줄을 가로로 한 땀 바느질합니다.

24 한 땀에 바늘을 겁니다(실은 왼손 쪽에 위치해줍니다).

25 실을 당겨줍니다.

26 버튼홀 스티치 한 땀이 완성됩니다.

27 과정 24~26을 반복해 한 땀 위에 버튼홀 스티치로 채워줍니다(반대쪽도 같은 방법으로 만들어줍니다).

▲▲▲ 라벨 달기

28 마지막 작업으로 앞부분에 가죽 라벨을 달아 줄 위치를 잡고 바느질합니다.

29 라벨을 달아 쉘케이스를 완성합니다.

마룻바닥의 실내나 거실에서 가볍게 신고 다니는 실내화는

우리 생활에서 밀접한 소품이지요.

미끄러움을 방지함과 동시에 겨울에는 실내화 안쪽에 털 원단을 부착해

포근하게 신을 수도 있습니다.

실내화

실내화

• 실물본 : 02_실내화

Info.

- **완성 크기**
  14cm×25.5cm

- **재료**
  ❶ 겉감 퀼트 원단
  ❷ 안감 퀼트 원단
  ❸ 바닥 퀼트 원단
  ❹ 퀼팅 접착솜
  ❺ 접착심지

- **재단 크기**
  ❶ 발등 겉감 25cm×21cm 2장
  ❷ 발등 안감 25cm×21cm 2장
  ❸ 발등 솜 25cm×21cm 2장
  ❹ 발등 저착 심지 25cm×21cm 2장
  ❺ 발바닥 겉감 및 안감 15cm×30cm 각 2장
  ❻ 발바닥 부분 솜, 심지 15×30cm_ 각 2장

❼ 펠트 위, 아래(시접 없음) 각 1장

발등과 발바닥 부분은 도안대로 그리고 시접 7mm를 별도로 그려줍니다.

drawing

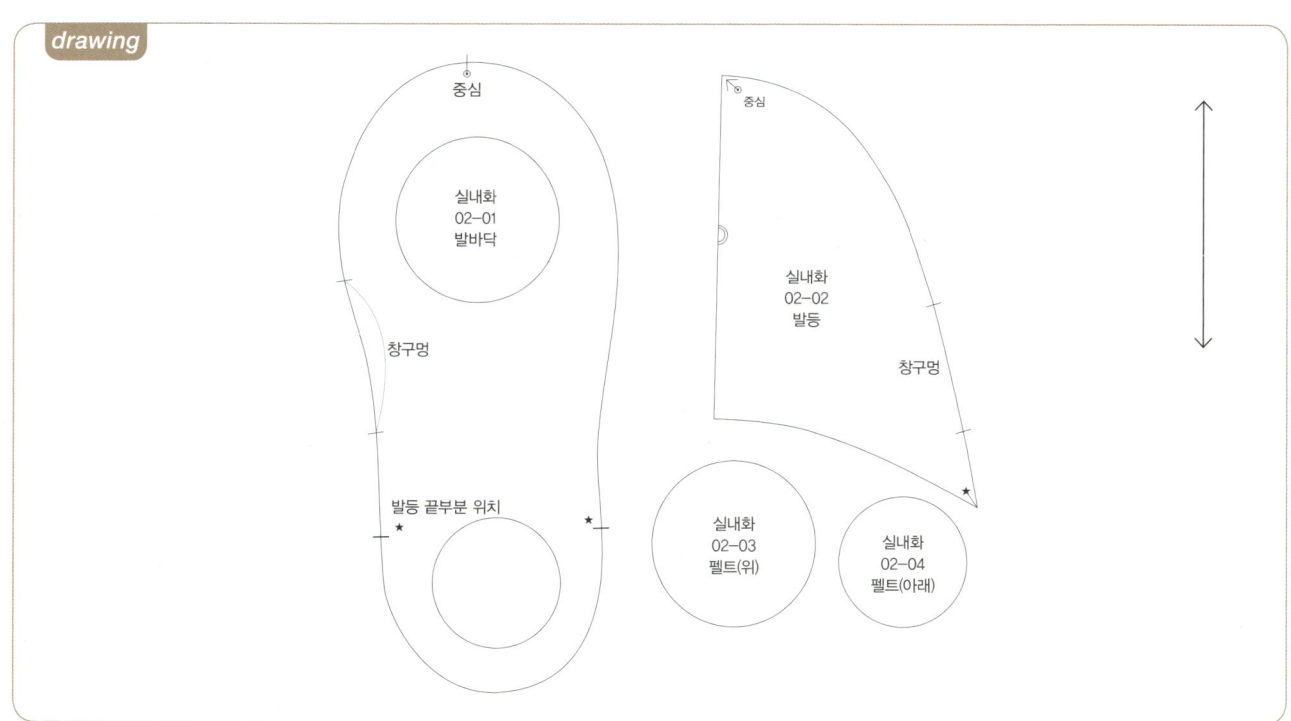

중심

실내화
02-01
발바닥

창구멍

발등 끝부분 위치
★   ★

중심

실내화
02-02
발등

창구멍

실내화
02-03
펠트(위)

실내화
02-04
펠트(아래)

▲▲▲ 접착심지 붙이기

01 ❶발등 겉감 원단 뒷면에 ❹접착심지의 접착 부분을 올려줍니다.

02 다리미를 이용해 겉감 원단에 접착심지를 붙여줍니다.

03 ❶발등의 겉감과 ❹심지, ❺발바닥 부분의 원단과 ❻심지를 붙여줍니다.

▲▲▲ 발등 만들기

01 심지를 댄 발등 겉감을 재단해 ❸솜을 댄 ❷안감 위에 올려줍니다(시접 7㎜를 별도로 그려줍니다).

02 창구멍을 제외하고 박음질을 해준 다음 솜을 잘라줍니다(바느질 선에 최대한 가깝게 잘라줍니다).

03 안감을 겉감 모양대로 잘라줍니다.

04 모서리 부분은 잘라주고 곡선 부분은 가위집을 줍니다.

05 창구멍으로 뒤집어 공그르기를 합니다.

06 발등이 완성되었습니다.

▲▲▲ 발바닥 만들기

01 심지를 붙인 발바닥 부분에 시접 7㎜
를 별도로 그려 재단합니다.

02 또 다른 발바닥 부분에는 ❼ 미끄럼방
지 펠트를 재단해 올려줍니다(미끄럼방지
펠트는 선택 사항입니다).

Tip 미끄럼 방지 펠트를 바닥에 붙여주면 실
내화를 신고 걸을 때 쿠션감이 느껴져 발이 편합
니다.

03 홈질로 미끄럼방지 펠트를 바느질합
니다.

04 솜과 펠트를 붙인 원단, 발바닥 원단
을 순서대로 놓고 창구멍을 제외한 나머지
에 박음질해 솜을 잘라줍니다.

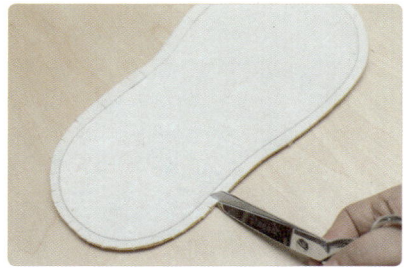

05 곡선 부분은 가위집을 줍니다.

06 창구멍으로 뒤집은 다음 공그르기로
창구멍을 막아줍니다.

07 완성된 발바닥의 윗부분입니다.

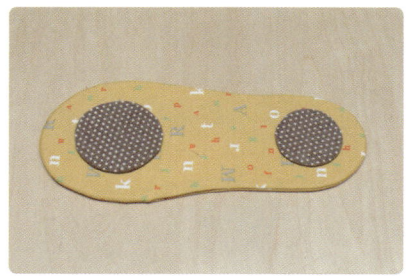

08 완성된 발바닥의 아랫부분입니다.

▲▲▲ 연결하기

01 완성된 발등과 발바닥 부분을 준비합니다.

02 중심을 맞춰 시침핀을 꽂아 중심 부분에서 공그르기를 시작합니다.

03 끝부분은 튼튼하게 2~3번 되박음질 해줍니다.

04 중심에서 반대편도 공그르기해 주면 완성입니다.

05 반대쪽 슬리퍼도 같은 방법으로 완성합니다.

앞치마는 주방에서 주로 쓰이는 용도지만 최근에는

카페 에이프런이라고 해서 카페에서 착용하여 인기를 얻고 있는데요,

허리 부분에 끈을 묶어주는 형식이지만

허리끈을 길게 하여 앞으로도 묶을 수 있습니다.

LESSON 03

허리 앞치마

허리 앞치마

• 실물본 : 03_허리 앞치마

Info.

• **완성 크기**
110cm×41cm

• **재료**
❶ 겉감 리넨 원단
❷ 주머니 원단
❸ 끈 원단

• **재단 크기(모두 시접 1cm가 포함된 크기)**
❶ 겉감 리넨 원단 115cm×47cm 1장
❷ 주머니 원단 14cm×17cm 2장
❸ 허리끈 원단 265cm×8cm 1장

허리끈은 용도에 따라 짧게 뒤로만 묶거나 길게 하여 앞으로 묶어 사용할 수 있습니다.

drawing

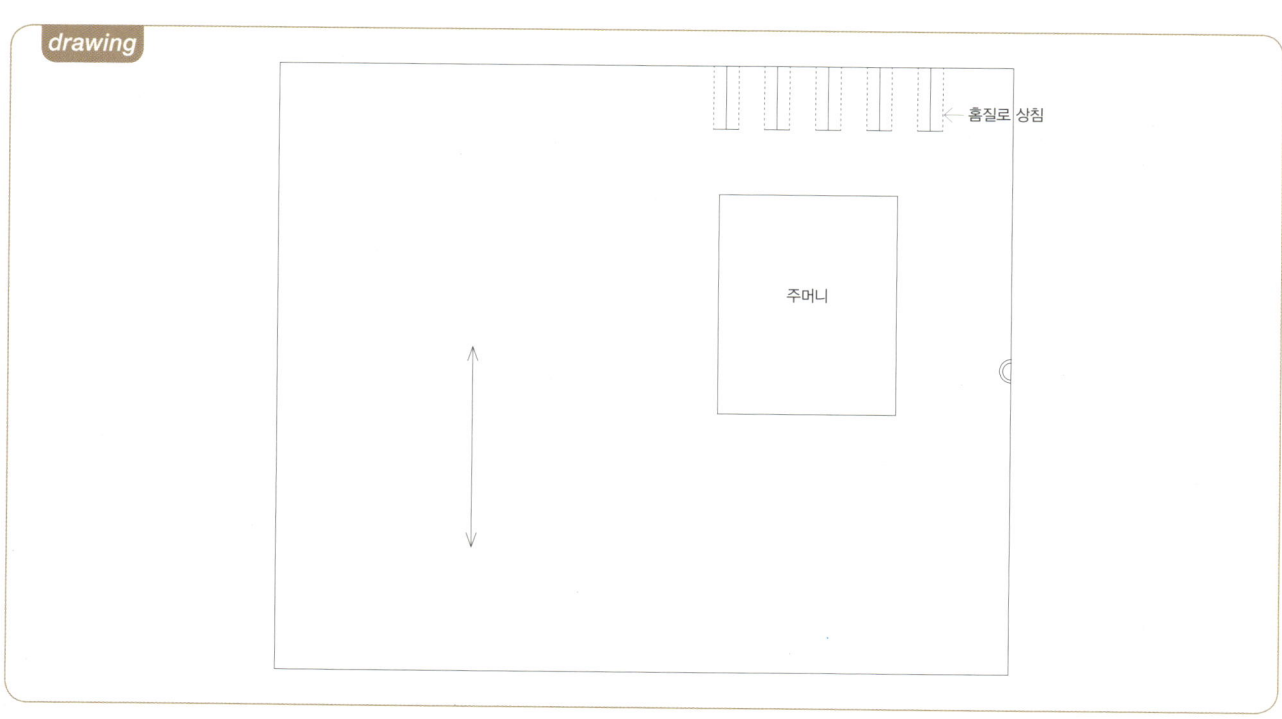

홈질로 상침

주머니

▲▲▲ 몸판 만들기

01 리넨 원단의 중심을 수성펜으로 표시해 줍니다.

02 주름 잡을 부분의 점선을 그려줍니다 (도안 참고).

03 주름 부분은 겉감끼리 도안의 주름 점선 부분이 마주 보게 시침을 꽂고 원단의 안쪽에서 박음질해줍니다.

04 주름 부분을 모두 박음질해줍니다.

05 리넨 원단의 중심쪽으로 주름 시접을 넘겨줍니다.

06 시접을 넘겨 다리미로 눌러 다림질을 합니다(이때 다리미를 밀어서 다림질하지 않고 눌러서 다려줍니다).

07 옆선 시접을 1cm 접고 다시 한 번 1cm를 접어 다림질해 줍니다.

08 접힌 시접을 퀼팅실을 이용해 홈질해 줍니다.

09 바느질 후 다리미로 눌러 다려줍니다.

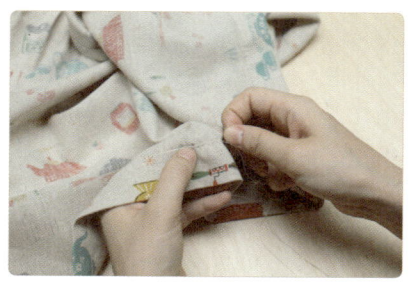

10 밑단의 시접은 1cm 접고, 다시 3cm를 접어 다려줍니다.

11 밑단도 옆선과 같은 방법으로 홈질해줍니다.

12 바느질 후 다리미로 눌러 다려줍니다.

▲▲▲ 허리끈 만들기

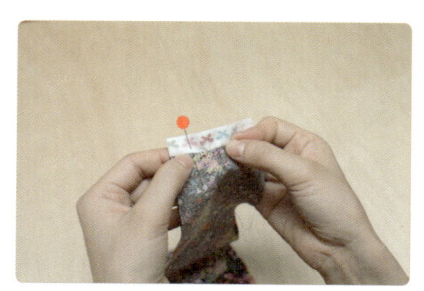

13 ❸ 허리끈이 될 원단 두 장의 겉끼리 마주 대고 시침핀을 꽂아줍니다.

14 시접은 7mm를 주고 홈질해줍니다.

15 허리끈의 가로 길이는 허리끈 원단을 연결하여 길이를 길게 만들어줍니다.

16 허리끈을 반으로 접어 다림질해 준 다음 양쪽 시접을 1cm 접어 다려줍니다. 양옆 끝부분은 1cm 접어 다려 준비해둡니다.

17 리넨 원단 윗부분(주름 잡은 부분)의 2cm 아래에 수성펜으로 그려줍니다.

18 리넨 원단에 수성펜으로 표시한 부분과 허리끈 겉면을 마주 보게 위치를 잡아줍니다.

19 허리끈의 중심과 리넨 원단의 중심을 맞춰 시침핀으로 꽂아 고정한 후 홈질해줍니다.

20 허리끈을 리넨의 안쪽으로 넘겨줍니다.

21 시침핀으로 허리끈을 고정해줍니다(이때 과정 19에서 바느질한 부분이 보이지 않게 덮어줍니다).

22 시침핀을 꽂은 후 홈질로 바느질해 허리끈을 완성합니다.

▲▲▲ 주머니 만들기

23 ❷주머니가 될 원단을 준비해 양옆과 아래 시접 1㎝를 접어 다려줍니다. 입구가 되는 부분은 시접 1㎝를 두 번 접어 다려 줍니다.

24 입구 부분은 원단과 같은 색의 실로 홈질해줍니다.

25 주머니 위치에서 주머니를 시침핀으로 고정한 후 홈질해줍니다(주머니 위치 도안 참고).

26 홈질이 마무리되면 앞치마가 완성됩니다.

내부에 칸을 두어 카드와 명함이나

돈을 분리해서 보관할 수 있는 카드지갑입니다.

피드색이나 퀼트 원단으로 뚜껑 부분에 포인트를 주어

산뜻한 느낌을 주었습니다.

카드지갑

Info.

- **완성 크기**
  11.5cm×9cm

- **재료**
  ❶ 겉감 프린트 퀼트 원단
  ❷ 겉감 리넨 원단
  ❸ 칸 리넨 원단
  ❹ 옆면 리넨 원단
  ❺ 안감 리넨 원단
  ❻ 칸 심지
  ❼ 스냅 단추
  ❽ 검정색 가죽

- **재단 크기**
  ❶ 겉감(프린트 퀼트 원단) 13cm×12.5cm(시접 7mm 별도, 도안 첨부)
  ❷ 겉감(리넨 원단) 13cm×16cm(시접 7mm 별도, 도안 첨부)
  ❸ 안감(리넨 원단) 13cm×27cm(시접 7mm 별도, 도안 첨부)

  ❹ 퀼팅솜 13cm×27cm(시접 7mm 별도, 도안 첨부)
  ❺ 칸 원단 10.5cm×13cm(도안 첨부)
  ❻ 칸 심지 10.5cm×5.5cm
  ❼ 옆면 원단 4.8cm×13cm(시접 7mm 별도, 도안 첨부) 2장
  ❽ 가죽 2cm×2.5cm

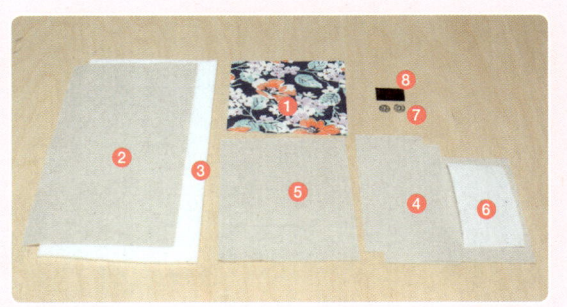

drawing

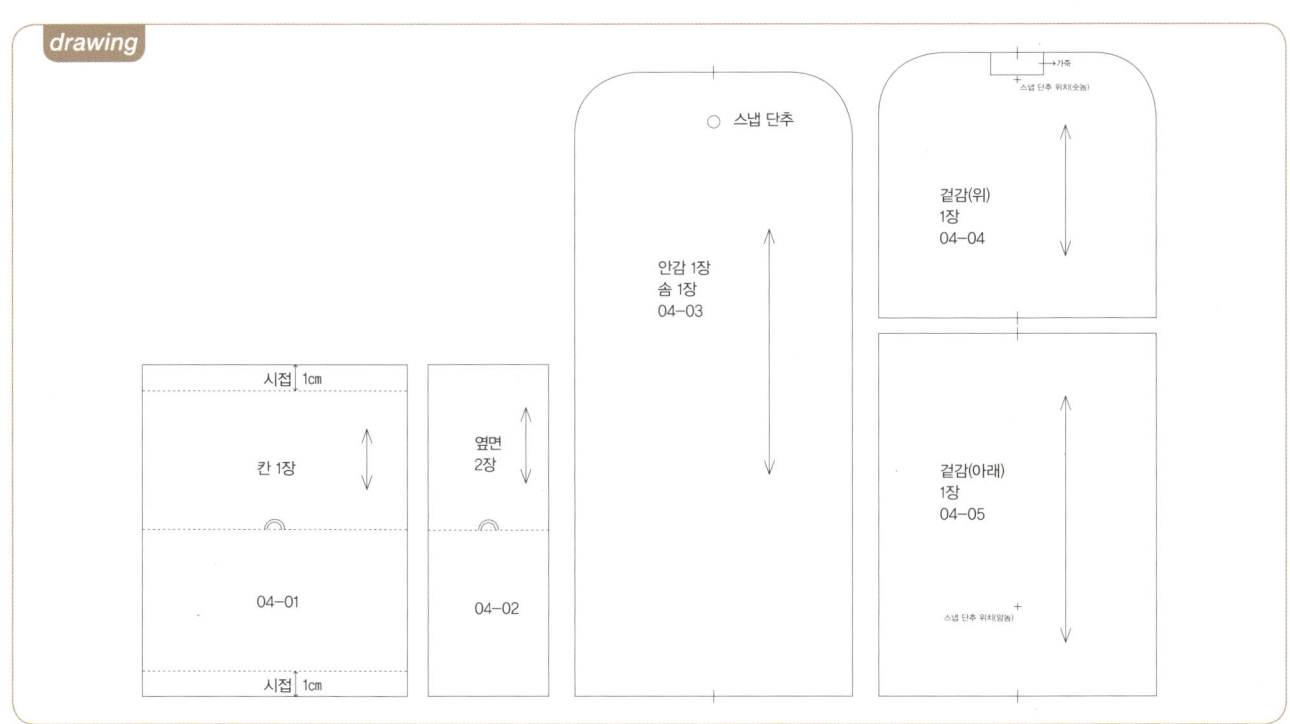

○ 스냅 단추

안감 1장
솜 1장
04-03

겉감(위)
1장
04-04

→ 가죽
스냅 단추 위치(숫놈)

겉감(아래)
1장
04-05

스냅 단추 위치(암놈)

시접 1cm

칸 1장

옆면
2장

04-01

04-02

시접 1cm

▲▲▲ 몸판 만들기

01 ❶겉감의 프린트 원단을 시접 7㎜ 별도로 그려 재단합니다.

02 ❷겉감 리넨 원단도 시접을 별도로 그려 재단해 준비합니다.

03 ❶프린트 원단과 ❷리넨 원단의 겉끼리 마주 대고 시침핀을 꽂아줍니다.

04 시침핀 꽂은 부분을 홈질해줍니다.

05 겉감이 완성됩니다.

06 시접은 가름솔해줍니다.

07 ❹퀼팅솜을 놓고 ❸안감과 겉감의 겉끼리 마주 보도록 배치합니다.

08 준비한 ❽가죽을 중심에 올려줍니다.

09 시침핀을 이용해 솜과 안감, 겉감을 고정합니다.

10 창구멍 부분을 수성펜으로 그려줍니다.

11 창구멍을 제외하고 박음질해줍니다.

12 솜을 박음질 선 부분에 최대한 가깝게 잘라줍니다(이때 바느질된 부분이 잘리지 않게 주의하며 솜을 잘라줍니다).

13 솜을 모두 잘라줍니다.

14 안감을 겉감과 같은 모양으로 바꿔줍니다.

15 곡선 부분은 가위집을 줍니다.

16 모서리 부분은 가위로 잘라줍니다.

17 창구멍으로 뒤집어줍니다.

18 막대로 모양을 잡아줍니다.

19 창구멍 부분의 시접을 넣어 시침핀을 꽂아줍니다.

20 창구멍 부분은 공그르기해줍니다.

21 창구멍을 막은 후 다리미로 다려줍니다(다림질할 때는 밀지 않고 눌러 주면서 모양을 잡아줍니다).

▲▲▲ 칸 만들기

01 ⑤칸 원단을 반으로 접어 ⑥접착심지를 사이에 넣어줍니다.

02 다리미로 눌러 접착심지를 접착시켜 줍니다.

03 위, 아랫 부분 시접을 접어줍니다.

04 시접을 접어 마주 보도록 위치해줍니다.

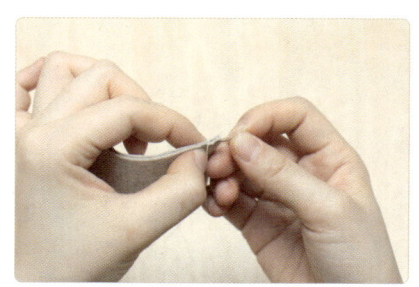

05 공그르기를 해줍니다.

06 칸이 완성됩니다.

07 ❼ 옆면이 되는 원단을 준비해 반으로 접어줍니다.

08 기화펜이나 수성펜으로 시접을 그려줍니다.

09 창구멍은 윗부분에 표시해줍니다.

10 창구멍을 제외한 부분을 박음질해줍니다.

11 바느질된 부분에서 2㎜ 정도 띄고 모서리 부분 시접을 잘라줍니다.

12 모서리 부분 시접을 모두 잘라 준 모습입니다.

13 창구멍으로 뒤집어줍니다.

14 창구멍 시접을 안으로 넣어 모양을 잡아줍니다.

15 창구멍을 공그르기로 막아줍니다.

16 완성된 옆면을 반으로 접어 다림질해줍니다.

17 바느질 선을 그려 주고 만들어 둔 칸을 접힌 옆면 사이에 끼워줍니다.

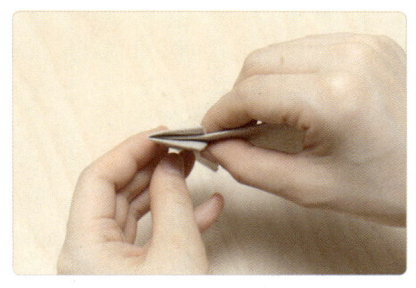

18 칸이 들뜨지 않게 최대한 넣어줍니다.

19 홈질을 해줍니다(이때 원단이 겹쳐져 두꺼우므로 한 땀씩 바느질해 주는 것이 편합니다).

20 다른 쪽도 같은 방법으로 연결해줍니다.

▲▲▲ 연결하기

01 칸이 연결된 옆면을 몸판에 시침핀으로 고정해줍니다.

02 다른 쪽도 시침핀으로 고정합니다.

03 몸판의 겉감과 옆면의 겉감 쪽을 공그르기로 연결해줍니다.

04 한쪽이 완성되면 다른 쪽을 3㎝ 띄고 위치를 잡아줍니다.

05 공그르기로 연결해줍니다.

06 몸판이 완성됩니다.

07 스냅 단추(수놈)를 뚜껑 부분 중심에 달아줍니다(위치는 도안에 있습니다).

08 스냅 단추(암놈)는 아랫부분에 달아줍니다.

09 스냅 단추를 모두 달아 완성됩니다.

10 완성된 카드지갑입니다.

11 포인트가 되는 부분의 원단을 바꿔 주
면 또 다른 느낌을 줍니다.

작은 납작 파우치는 여성용품을 넣어 가방에 가볍게 들고 다닐 수 있는 용도로 만듭니다.

큰 납작 파우치로 만들면 여행용 파우치나 유아용 귀저기 파우치로 사용할 수도 있어요.

안쪽 시접을 바이어스 처리 없이 만들 수 있는 방법으로 만든 파우치입니다.

납작파우치

납작파우치

• 실물본 : 05_납작파우치

Info.

- **완성 크기**
  12cm×12cm

- **재료**
  ❶ 겉감(검정 도트 무늬 원단, 프린트 원단)
  ❷ 안감(스트라이프 원단)
  ❸ 2온스 접착 퀼팅솜
  ❹ 리넨 테이프 6cm
  ❺ YKK 금장지퍼 12cm
  ❻ 2.5cm 폭 라벨 5.5cm

- **재단 크기**
  ❶ 겉감(검정 도트 무늬 원단) 14cm×13.5cm
  ❷ 겉감(무늬 원단) 14cm×16.5cm
  ❸ 안감(스트라이프 원단) 14cm×28.5cm
  ❹ 접착 퀼팅솜 13.5cm×10.5cm 1장, 13.5cm×16cm 1장
  ❺ 라벨 길이 5cm

  모두 시접 포함된 크기입니다. 시접은 7mm로 표시합니다.

drawing

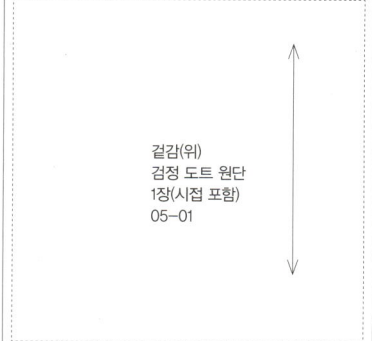

겉감(위)
검정 도트 원단
1장(시접 포함)
05-01

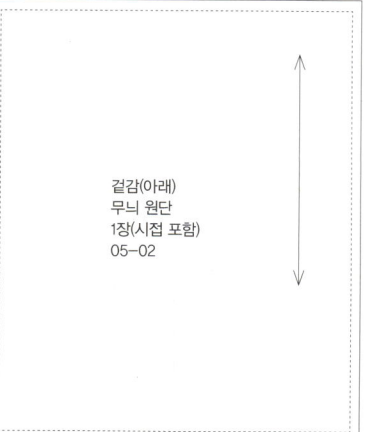

겉감(아래)
무늬 원단
1장(시접 포함)
05-02

▲▲▲ 만들기

01 겉감 ❶. ❷와 ❹접착솜을 준비해 겉감의 안쪽과 퀼팅솜의 접착 부분이 마주보게 합니다.

02 겉감과 접착솜을 다리미로 눌러 접착해줍니다.

03 수성펜과 시접자를 이용해 시접 7mm를 그려줍니다.

04 솜은 잡착한 겉감 두 장을 준비합니다.

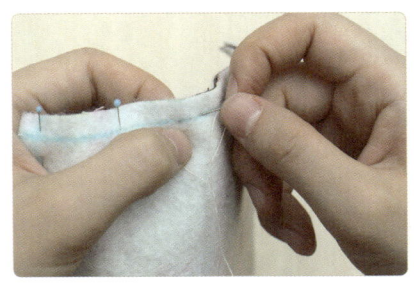

05 시침핀으로 고정한 후 겉감 두 장을 박음질로 연결합니다.

06 박음질된 모습입니다.

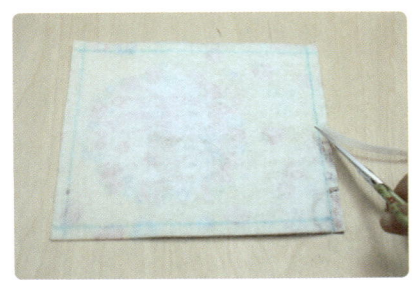

07 박음질한 부분의 시접솜을 잘라줍니다(이때 원단은 자르지 않습니다).

08 솜을 자른 후 시접을 가름솔 합니다.

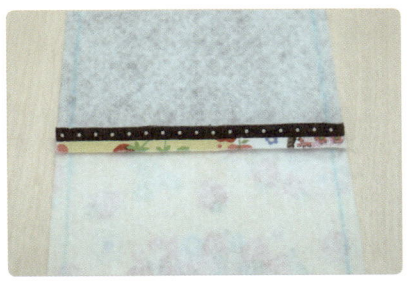

09 가름솔 시접은 손으로 밀지 않고 눌러주면 됩니다.

10 ❸안감과 ❺라벨을 준비합니다.

11 라벨의 위치를 잡고 실을 한 겹으로 박음질해줍니다.

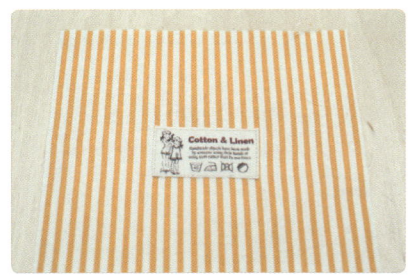

12 라벨의 사방 네 면을 모두 박음질해줍니다.

13 겉감과 지퍼 안감을 준비합니다.

14 겉감, 지퍼, 안감을 순서대로 놓고 시침핀으로 고정해줍니다.

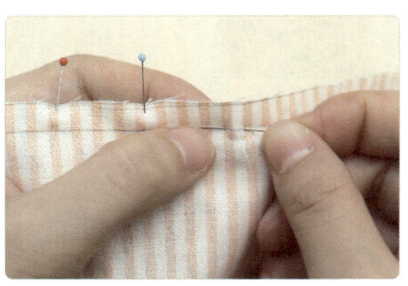

15 시침핀을 빼면서 시접을 박음질로 바느질해줍니다.

16 바느질한 후 지퍼가 보이도록 겉감의 안과 안감의 안이 마주 보게 한 후 박음질 부분을 눌러줍니다.

17 겉감을 나머지 지퍼쪽으로 접어줍니다.

18 안감을 지퍼쪽으로 접어줍니다.

19 겉감, 지퍼, 안감을 시침핀으로 고정해줍니다.

20 시침핀으로 고정한 옆모습입니다. 시침핀을 빼면서 박음질합니다.

21 지퍼를 모두 단 후 지퍼를 중심으로 윗부분(검정 도트 원단)은 1.8cm 정도가 되도록 자리를 잡아 다리미로 다려줍니다.

22 옆선에 시접을 그려줍니다. 지퍼가 없는 부분에 창구멍이 되는 'ㅁ'을 표시합니다.

23 지퍼 끝부분이 있는 부분은 지퍼 아랫부분부터 겉감만 바느질합니다(손가락 위치를 참고합니다).

24 지퍼 머리 부분에 리넨 테이프를 끼워준 후 겉감과 안감을 모두 한꺼번에 박음질합니다.

25 지퍼 머리쪽과 지퍼 끝부분이 박음질된 상태입니다(손가락 위치 참고합니다).

26 바느질되지 않은 안감을 제자리에 두고 창구멍을 제외한 위, 아랫부분을 모두 박음질해줍니다.

27 모서리 부분의 시접을 잘라줍니다.

28 창구멍으로 뒤집어 줍니다.

29 창구멍을 공구르기로 바느질해줍니다.

30 뒤집어 완성합니다.

열고 닫기 편한 바네는 파우치를 만들 때 사용합니다.

헥사곤 모양을 조각조각 연결해 완성하는

바네파우치는 화장품이나 작은 소품을 넣고 다니기에 안성맞춤입니다.

바네파우치

Info.

• **완성 크기**
  14cm×11cm×3cm(바닥)

• **재료**
  ❶ 겉감 헥사곤 32종 피드색 퀼트 원단
  ❷ 접착 퀼팅솜
  ❸ 바네
  ❹ 안감 퀼트 원단
  ❺ 바네 부분 퀼트 원단

• **재단 크기**
  ❶ 겉감(헥사곤 모양) 32장(시접 7mm 별도, 도안 첨부)
  ❷ 안감 17cm×24.5cm(시접 7mm 별도, 도안 첨부)
  ❸ 바네 부분 원단 4.5cm×17cm 2장(도안 첨부)
  ❹ 퀼팅솜 25cm×35cm(완성된 겉감보다 여유 있게 준비)
  ❺ 바네 12cm
  ❻ 라벨(선택 사항)

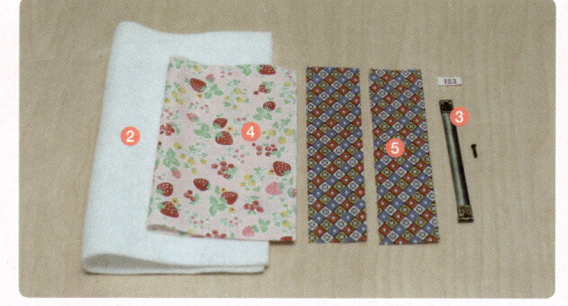

drawing

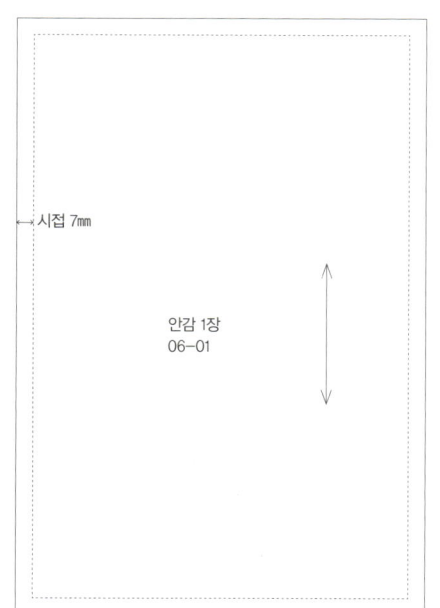

시접 7mm

안감 1장
06-01

헥사곤
(32장)
06-02

시접 7mm

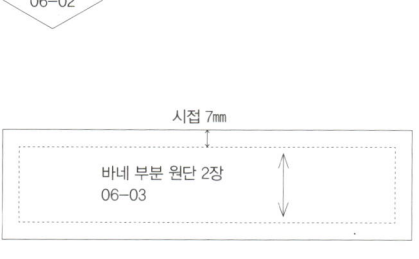

바네 부분 원단 2장
06-03

▲▲▲ 겉감–헥사곤 연결하기

01 ❶겉감이 될 원단에 헥사곤 모양의 도안을 대고 패턴을 그립니다.

02 시접자를 이용해 시접 7㎜를 그립니다.

03 재단한 32장의 헥사곤을 배치합니다.

04 헥사곤 모양으로 재단된 두 장의 원단 겉과 겉을 마주 대고 홈질해줍니다.

★ 이때 시접은 바느질하지 않습니다.

05 첫 번째 줄의 헥사곤을 모두 같은 방법으로 연결합니다.

06 헥사곤을 한 줄씩 모두 완성합니다(총 7줄 완성).

07 완성된 첫 번째 줄과 두 번째 줄의 겉면끼리 마주 대고 헥사곤을 홈질로 연결합니다.

08 꼭짓점 부분은 항상 바늘을 꽂아 되박음질 해주면 헥사곤 모양이 흐트러지지 않습니다.

09 첫 번째 줄과 두 번째 줄이 모두 연결되었습니다(뒷면).

10 첫 번째 줄과 두 번째 줄이 연결된 앞모습입니다(미리 배치해 놓은 원단 위치를 확인하면서 연결합니다).

11 겉감이 되는 원단을 모두 연결합니다.

12 겉감의 뒷면 헥사곤 시접을 바람개비 모양이 되도록 손으로 눌러줍니다.

13 시접을 모두 바람개비 모양으로 눌러줍니다.

14 겉면에 원하는 위치에 라벨을 달아줍니다(선택 사항).

15 퀼팅솜 위에 완성된 겉감을 올려줍니다.

16 시침실을 이용해 시침합니다.

17 시침은 퀼팅할 때 움직이지 않게 하는 역할을 하니 꼼꼼하게 합니다.

18 퀼팅을 겉감의 중심에서부터 시작해주고 시접이 없는 부분을 해줍니다.

Tip 중심에서부터 퀼팅을 시작하면 퀼팅하면서 원단이 밀려 모양이 변형되는 것을 최소할 수 있습니다.

19 겉감 퀼팅이 모두 완성되었습니다.

20 시침해 놓은 시침실을 제거합니다.

21 완성된 겉감을 안감과 같은 크기로 재단합니다.

22 겉감이 완성되었습니다.

23 바네가 들어가는 원단을 준비해 양쪽 끝부분은 7mm 간격으로 두 번 접어줍니다.

24 두 번 접은 부분을 홈질해줍니다.

25 원단을 반으로 접어줍니다.

26 완성된 바네 부분 원단을 겉감의 중심에 맞춰 시침핀을 꽂아줍니다.

27 바네와 겉감을 함께 시침합니다.

28 시침하는 위치는 시접보다 작은 5mm 위치에서 해줍니다.

29 안감을 겉감 위에 올려줍니다(안감의 겉과 겉감의 겉이 마주 봅니다).

30 바네 부분이 있는 위. 아랫부분을 박음질한 후 시접 부분의 솜을 잘라줍니다.

31 겉감은 겉감끼리, 안감은 안감끼리 마주 보도록 놓은 후 시침핀을 꽂아줍니다.

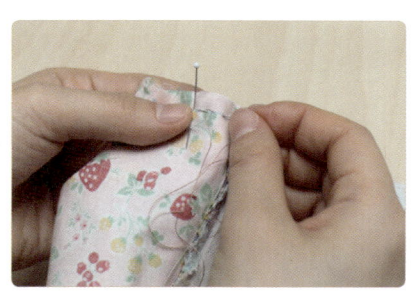

32 안감의 창구멍을 제외하고 박음질로 모두 연결합니다.

33 창구멍을 뒤집어 모양을 잡아줍니다.

34 창구멍을 공그르기로 막아줍니다.

35 안감을 겉감 속으로 넣어줍니다.

36 바닥 부분을 박음질합니다.

37 파우치 몸판이 완성되었습니다.

38 완성된 몸판과 바네를 준비합니다.

39 바네를 끼우는 부분에 바네를 넣어줍니다.

40 바네 끝부분에 바네 나사를 끼워줍니다(나사가 잘 안들어 갈 때는 고무망치를 이용합니다).

41 바네파우치가 완성되었습니다.

파우치를 만드는 방법은 매우 다양합니다.

파우치를 만들 때 먼저 고려해야 할 것은 파우치를 열고 닫을 때

어떤 프레임을 사용하느냐인데 프레임에 따라 용도가 많이 달라집니다.

구슬 프레임은 고풍스러운 분위기를 연출할 때 사용하며

구슬 프레임과 도트 원단을 이용해 만든 파우치는 열었을 때

물건을 한눈에 확인해주는 용이한 소품이 됩니다.

프레임파우치

프레임파우치

• 실물본 : 07_프레임파우치치

Info.

• **완성 크기**

15cm×11cm×4.5cm(바닥)

• **재료**

❶ 도트 프린트 퀼트 원단

❷ 핑크 꽃무늬 퀼트 원단

❸ 퀼팅솜

❹ 프레임

❺ 라벨

• **재단 크기(전체 시접 7㎜ 별도)**

❶ 겉감(도트 프린트 퀼트 원단) 22.5cm×16.5cm 2장

(시접 7mm 별도)

❷ 안감(핑크 꽃무늬 퀼트 원단) 22.5cm×16.5cm 2장

(시접 7mm 별도)

❸ 바닥 겉감(도트 프린트 퀼트 원단) 11cm×7.5cm 1장

❹ 바닥 안감(핑크 꽃무늬 퀼트 원단) 11cm×7.5cm 1장

❺ 접착 퀼팅솜(몸판) 22.5cm×16.5cm 2장(시접 7mm 별도, 도안 첨부)

❻ 접착 퀼팅솜(바닥) 11cm×7.5cm(시접 7mm 별도, 도안 첨부)

❼ 12cm 금장 프레임

프레임을 이용해 프레임파우치를 만들어 봅니다.

주름을 주면 좀 더 크게 파우치 공간을 사용할 수 있습니다.

drawing

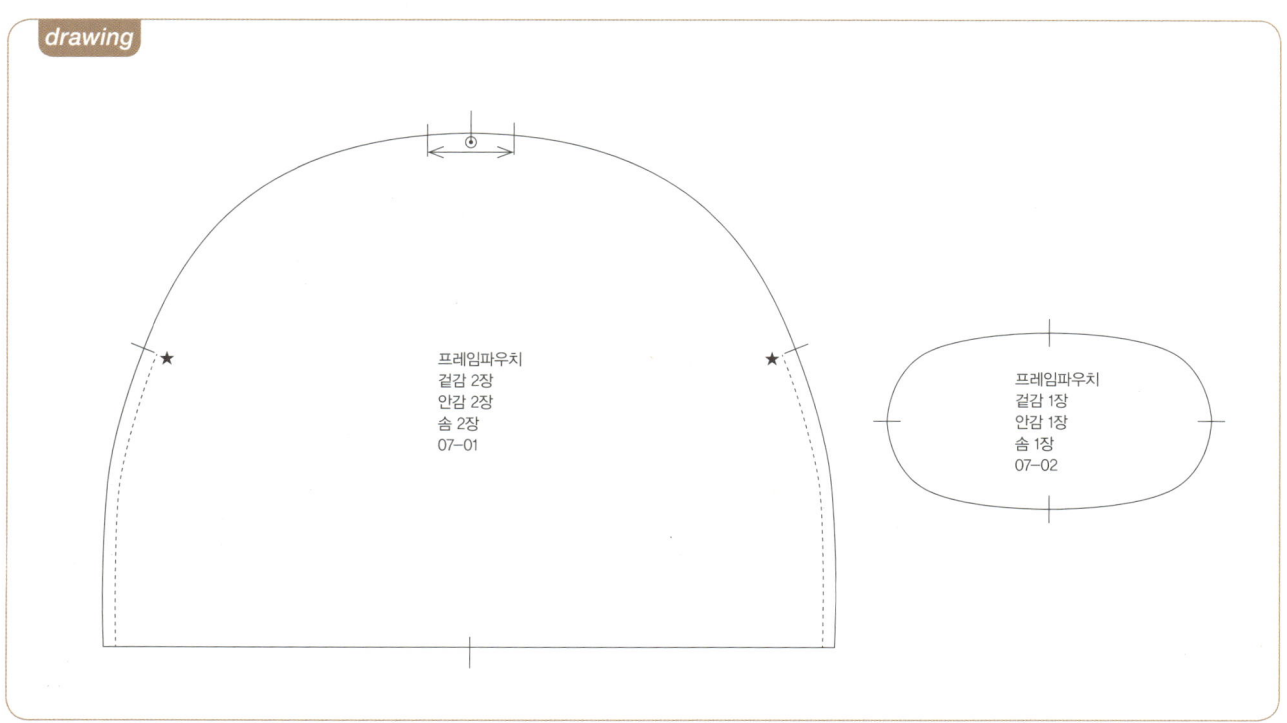

프레임파우치
겉감 2장
안감 2장
솜 2장
07-01

프레임파우치
겉감 1장
안감 1장
솜 1장
07-02

▲▲▲ 겉감 만들기

01 ❶겉감 원단과 ❺솜을 재단해줍니다 (시접을 별도로 7㎜ 줍니다).

02 겉감의 뒷면에 솜을 부착해줍니다(2개 를 만듭니다).

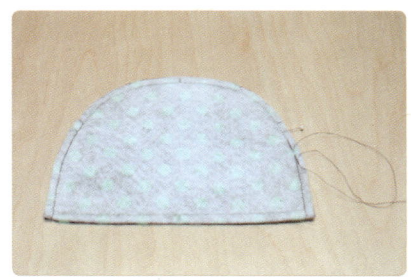

03 솜을 붙인 겉감 두 장을 겉끼리 마주 대고 시침핀을 꽂은 곳까지 박음질합니다(양 쪽 동일).

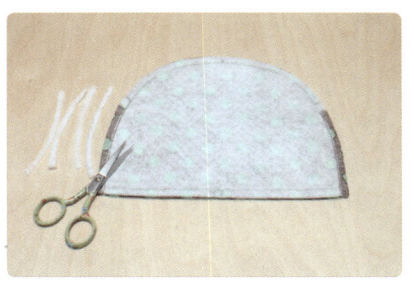

04 바느질한 부분의 솜을 바느질 선에 최 대한 가깝게 잘라줍니다.

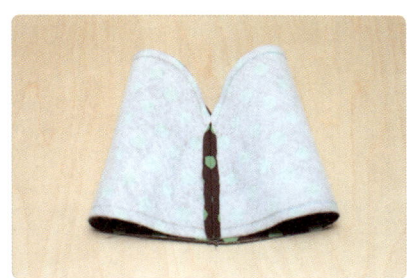

05 시접은 가름솔해줍니다.

06 바닥 부분은 퀼팅실을 두 겹으로 홈질 해 주름을 줍니다.

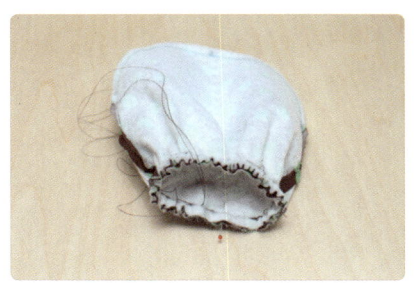

07 바닥 부분에 솜을 부착해 주름 준 바닥 부분에 시침핀으로 고정해 박음질합니다.

08 겉감이 완성됩니다.

09 겉감의 바닥 부분 모양입니다.

10 완성된 겉감에 라벨을 홈질로 달아줍니다.

11 라벨이 아닌 단추나 레이스를 이용해 꾸며주면 다른 느낌을 줄 수 있습니다.

▲▲▲ 안감 만들기

12 시접을 별도로 7mm 주고 재단한 안감 원단 두 장을 겉끼리 마주 대고 시침핀을 꽂아 고정해줍니다.

13 시침핀으로 고정한 부분까지 박음질 해줍니다.

14 바느질한 부분을 가름솔해줍니다.

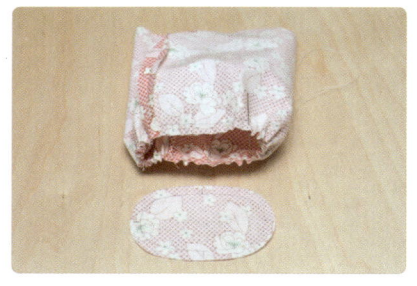

15 바닥 부분의 재단선과 시접선 중앙에 홈질해줍니다.

16 홈질한 실을 당겨 주름을 만듭니다.

17 바닥 부분을 준비합니다.

18 시침핀으로 안감 몸판과 바닥을 고정 해줍니다.

19 박음질하여 몸판과 바닥을 연결시켜 줍니다.

20 안감이 완성됩니다.

▲▲▲ 연결하기

21 완성된 겉감과 안감을 준비합니다.

22 안감 안쪽으로 겉감을 넣어 안감의 겉 과 겉감의 겉이 마주 보도록 합니다.

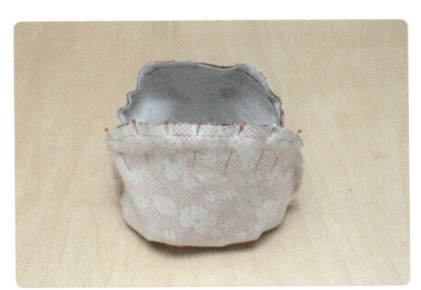

23 입구를 시침핀으로 고정합니다.

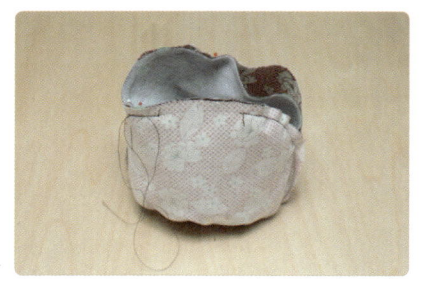

24 창구멍을 제외하고 박음질해줍니다.

25 박음질은 촘촘하게 해줍니다.

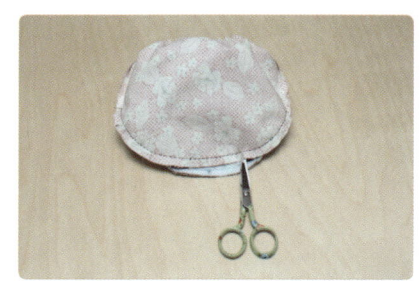

26 곡선 부분은 가위집을 줍니다.

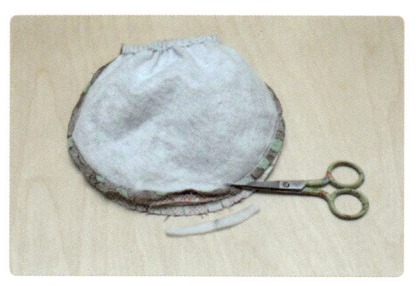

27 시접 부분의 솜을 잘라줍니다(이때 박음질 부분이 잘리지 않도록 주의합니다).

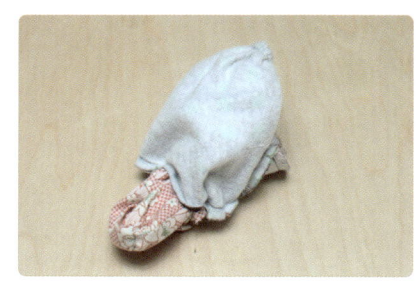

28 창구멍 쪽으로 뒤집어줍니다.

29 창구멍은 공그르기로 막아줍니다.

30 다림질을 해줍니다.

31 주름 부분에 시침핀을 꽂아 위치를 잡아줍니다.

32 주름을 준 부분은 감침질로 바느질해 줍니다.

▲▲▲ 프레임 달기

33 프레임과 몸판의 중심을 잡고 시침핀으로 고정한 후 프레임 두 번째 구멍으로 바늘을 뺍니다.

34 프레임 첫 번째 구멍으로 바늘을 넣어줍니다.

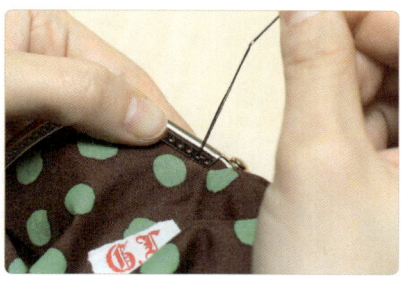

35 프레임 두 번째 구멍으로 바늘을 빼줍니다.

36 프레임 세 번째 구멍으로 바늘을 넣어줍니다.

37 프레임 바느질 순서처럼 바느질하면 프레임 겉모양은 박음질 모양이 되고 프레임 안쪽은 홈질 모양이 됩니다.

38 프레임 양쪽을 모두 연결해줍니다.

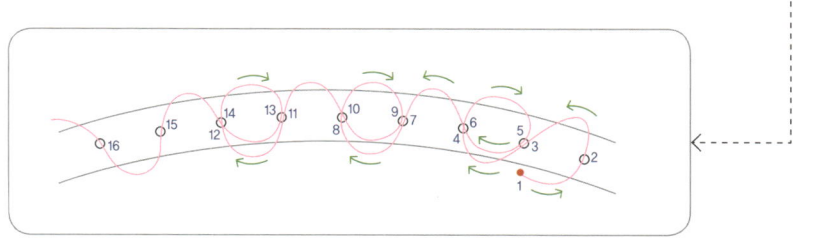

39 프레임파우치가 완성됩니다.

스트링을 이용한 파우치는 카메라 렌즈,

텀블러나 물병을 수납하는데 효율적으로 사용할 수 있습니다.

사용할 소품에 맞추어 높이를 조정하며 만들 수 있어

다양하게 활용되는 소품입니다.

원형 스트링파우치

원형 스트링파우치

Info.

- **완성 크기**
  13.5cm×14cm

- **재료**
  ❶ 패치 원단 12종
  ❷ 스트링 부분 원단
  ❸ 안감
  ❹ 퀼팅솜
  ❺ 흰색 원단
  ❻ 바닥(겉감, 안감, 솜)
  ❼ 스트링

- **재단 크기**
  ❶ 패치 원단 4cm×11.5cm 12종(도안 첨부)
  ❷ 흰색 원단 31.5cm×4cm
  ❸ 스트링 부분 15cm×3.5cm(도안 첨부)
  ❹ 바닥(겉감, 접착솜, 안감) 13cm×13cm(도안 첨부)
  ❺ 스트링 45cm 2장

❻ 몸판 접착솜 31.5cm×14.5cm
❼ 몸판 안감 31.5cm×14.5cm

모두 시접은 7mm가 포함된 크기입니다. 바닥 원단과 솜, 안감은 여유있게 준비합니다.

drawing

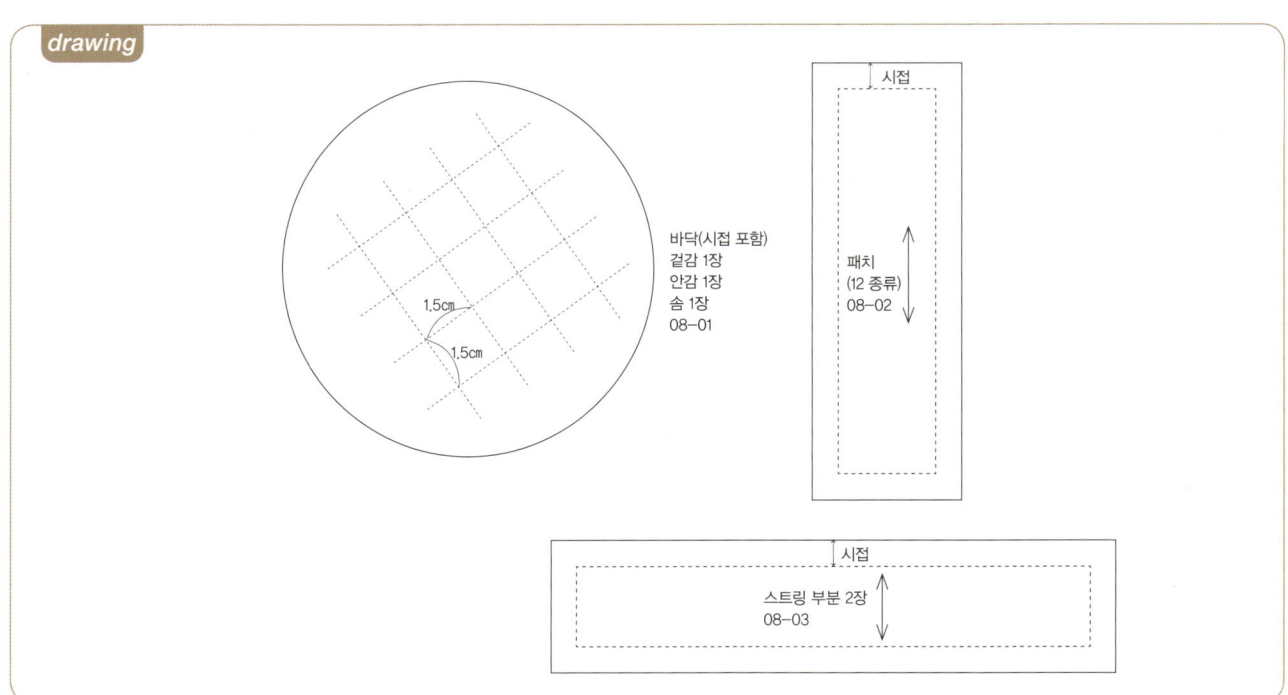

1.5cm
1.5cm

바닥(시접 포함)
겉감 1장
안감 1장
솜 1장
08-01

시접

패치
(12 종류)
08-02

시접

스트링 부분 2장
08-03

▲▲▲ 몸판 만들기

01 ❶패치할 원단 2장을 준비해 겉감끼리 마주 대고 시침핀으로 고정해줍니다.

02 시침핀을 제거하면서 홈질합니다.

03 바느질 후 시접은 한쪽으로 넘깁니다.

04 다음 원단을 시침핀으로 고정하여 홈질한 후 시접을 한쪽으로 넘깁니다.

05 바느질 후 시접을 같은 방향으로 넘겨주면서 바느질합니다.

06 ❶패치 원단 12가지를 모두 패치합니다.

07 윗부분의 원단을 패치 원단 위에 시침핀으로 고정합니다.

08 홈질로 바느질 후 시접은 윗부분 원단 쪽으로 넘깁니다.

09 접착솜의 접착면 위에 완성된 겉감을 올려줍니다.

10 시접이 없는 부분에 퀼팅을 합니다.

11 퀼팅 후 솜을 겉감과 같은 크기로 잘라줍니다.

12 겉감이 완성되었습니다.

▲▲▲ 바닥 만들기

13 ❹바닥이 될 원단 겉면에 시접이 포함된 원형 모양의 도안을 그려줍니다.

14 퀼팅 선을 그려주고 겉감 아래 퀼팅솜을 준비합니다.

15 퀼팅 선에 맞추어 퀼팅을 합니다(이때 같은 색실로 퀼팅을 합니다. 퀼팅으로 포인트를 주고 싶을 때는 보색의 실로 퀼팅해 줍니다).

16 퀼팅 후 도안의 모양대로 잘라 준 다음 안쪽으로 시접 선을 그려줍니다.

▲▲▲ 스트링 부분 만들기

17 준비한 스트링의 가장자리를 7mm 간격으로 두 번 접어줍니다.

18 시침핀으로 고정 후 홈질합니다.

19 스트링 부분 2장의 가장자리를 모두 두 번 접어 홈질해 준비해 줍니다.

20 가로로 반 접어줍니다.

▲▲▲ 연결하기

21 완성된 몸판과 바닥, 스트링 부분을 모두 준비합니다.

22 몸판을 반으로 접어 중심을 잡아 시침핀으로 표시합니다.

23 스트링 부분도 반으로 접고 중심을 잡아 시침핀으로 표시해 줍니다.

24 몸판과 스트링 부분의 중심을 맞춰줍니다.

25 스트링 부분 두 개의 위치를 모두 잡은 후 시침핀으로 고정해줍니다.

26 시접을 피해 시접보다 안쪽으로 시침질을 해 스트링 부분과 고정합니다.

27 스트링 두 개 부분을 모두 시침질해 고정합니다.

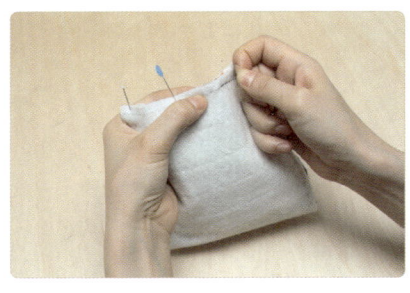

28 겉감끼리 마주 보게 반으로 접어 옆선을 시침핀으로 고정 후 박음질해줍니다.

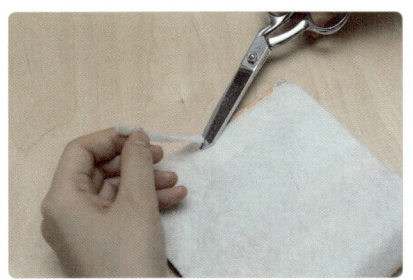

29 시접 부분의 솜은 가위로 잘라줍니다 (이때 바느질한 실이 잘리지 않도록 주의합니다).

30 바닥 부분을 시침핀으로 고정해줍니다.

31 시침핀을 제거하면서 박음질해줍니다.

32 몸판과 바닥이 연결된 모습입니다.

33 안감 원단과 바닥을 준비합니다.

34 안감 원단을 반으로 접어 창구멍을 남기고 박음질하거나 홈질합니다.

35 바느질된 안감의 몸판과 안감의 바닥을 준비합니다.

36 안감의 몸판과 바닥면에 시침핀으로 위치를 잡아줍니다.

37 박음질이나 홈질로 연결해줍니다.

38 완성된 겉 몸판에 완성된 안감을 넣어줍니다(이때 겉 몸판의 겉면과 안감의 겉면이 마주 봅니다).

39 시침핀으로 고정해줍니다.

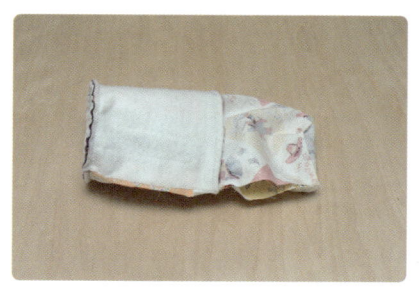

40 박음질 후 안감을 빼준 다음 시접 선의 솜을 잘라 제거합니다.

41 안감의 창구멍을 이용해 뒤집어 줍니다.

42 창구멍은 공그르기로 막아줍니다.

43 안감을 안으로 넣어줍니다.

▲▲▲ 스트링 끼우기

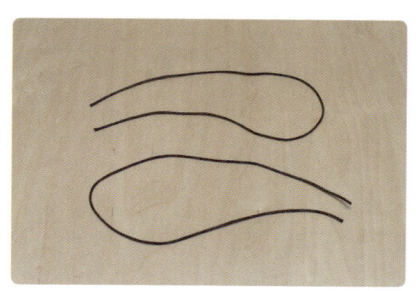

44 ⑤ 스트링 두 개를 준비합니다.

45 한쪽 스트링을 넣어 같은 방향으로 오게 빼줍니다.

46 다른 쪽 스트링은 반대쪽으로 넣어 두 개의 스트링을 교차시킵니다.

47 스트링 끝을 묶어준 다음 남은 부분은 가위로 잘라줍니다.

48 스트링은 오므렸을 때 너무 길게 남지 않게 달아 길이 조절을 해줍니다.

소파나 의자에서 사용할 수 있는 퀼트 원단과

삼각형 패치 조각을 활용한 쿠션 커버,

삼각형 패치가 주는 세련미와 쿠션의 편안함을 함께 담아보세요.

쿠션커버

쿠션커버

Info.

- **완성 크기**
  40cm×40cm

- **재료**
  ① 프린트 퀼트 원단 48종
  ② 뒷감   ③ 바이어스 원단
  ④ 퀼팅솜   ⑤ 접착심지
  ⑥ 쿠션솜 40cm×40cm

- **재단 크기**
  ① 프린트 퀼트 원단 14종
  조각 1번 6.8cm×6.8cm(정사각형 1장)
  조각 2번 13cm×7cm인 직사각형을 4등분(6.3cm×6.3cm
  직각삼각형, 하단 참고)
  조각 3번 16.5cm×8.5cm인 직사각형을 4등분(7.6cm
  ×7.6cm 직각삼각형, 하단 참고)
  ② 퀼팅솜 45cm×45cm(패치한 겉감보다 조금 크게 재단)

③ 안감 45cm×31cm 2장
④ 바이어스 6cm×175cm

시접 7mm가 포함된 재단 크기입니다.

drawing

조각 1번
1장(시접 포함)
09-01

조각 2번
4장(시접 포함)
09-02

조각 3번
4장(시접 포함)
09-03

〈블록 하나의 배치도〉

조각 3번	조각 2번	조각 3번
조각 2번	조각 1번	조각 2번
조각 3번	조각 2번	조각 3번

▲▲▲ 패치 조각 연결하기

01 패치 조각 1번, 2번, 3번을 도안을 대고 그려줍니다.

02 패치 조각에 도안을 그리고 순서대로 배열해줍니다.

03 패치 조각 1번, 2번의 중심을 잡아줍니다.

04 조각 1번과 2번의 겉면끼리 마주 대고 중심을 맞춰줍니다.

05 시침핀을 먼저 중심에 꽂아줍니다.

06 나머지 시침핀을 꽂습니다(이 패치는 삼각형의 시접이 뾰족해 시침핀을 중심 기준으로 꽂아주면 더 편하게 바느질할 수 있습니다).

07 홈질 후 조각 2번을 위로 올려 눌러줍니다.

08 위, 아래 조각을 바느질한 후 양옆 조각을 준비합니다.

09 양옆 조각을 바느질합니다.

10 시접을 포함하여 바느질해줍니다.

11 모두 바느질한 후 손가락으로 눌러 펴 줍니다.

12 가위로 불필요한 시접을 정리해줍 니다.

13 패치 조각 1번과 2번이 모두 연결됩 니다.

14 패치 조각 3번을 배열합니다.

15 같은 방법(과정 3~12)으로 바느질해 주면 블록 하나가 완성됩니다.

▲▲▲ 블록 연결하기

16 만들어 놓은 블록들을 배치합니다.

17 배치한 후 순서대로 번호를 적어 두면 바느질할 때 편리합니다.

18 두 블록의 겉면끼리 모두 대고 시침핀을 꽂아줍니다.

19 바느질 후 시접을 가름솔 해줍니다.

20 순서대로 한 줄을 모두 연결합니다.

21 남은 블록들도 모두 연결해 네 줄을 배치해 줍니다.

22 순서대로 바느질해 모두 연결합니다.

23 솜을 준비하고 완성된 겉감 아래에 놓습니다.

24 시침실을 준비합니다. 시침실 매듭은 여러 번 겹쳐서 굵게 만들어줍니다.

25 시침 시 볼록한 티스푼이나 플라스틱 스푼을 이용해서 시침하면 좀 더 수월하게 할 수 있습니다.

26 시침 끝부분 매듭도 굵게 만들어줍니다.

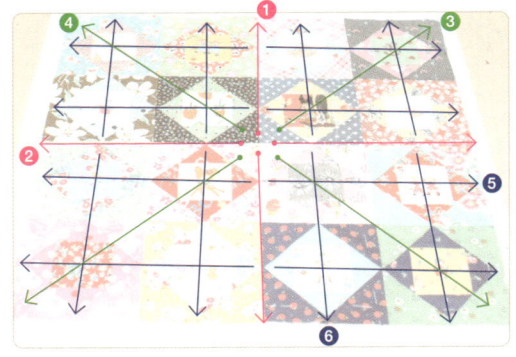

27 촘촘하게 모두 시침해 줍니다.

28 퀼팅을 모두 마치고 시침실을 제거해 줍니다.

29 바이어스 원단과 뒷감. 접착심지를 준비합니다.

30 바이어스 원단은 반으로 접고 다린 후 준비합니다.

31 뒷감 뒷면에 접착심지를 부착시켜줍니다.

32 뒷감 윗부분 시접을 1㎝ 접어 다림질 해줍니다.

33 2.5㎝ 시접을 한 번 더 접어 다림질 해줍니다.

34 접힌 시접을 홈질로 바느질해줍니다.

35 뒷감 두 개를 모두 같은 방법으로 만들어 완성해줍니다.

36 퀼팅한 겉감 뒷면에 뒷감이 되는 원단을 차례대로 올려줍니다.

37 시침핀으로 임시로 고정하고 앞감과 뒷감을 시침실로 고정해줍니다(이때 1.5㎝ 아래쪽에 시침질합니다).

38 시침 후 바이어스를 앞판 위에 올려 두고 시침핀으로 고정해줍니다.

39 바이어스를 박음질로 모두 바느질합니다.

40 바이어스 뒷부분은 공그르기로 연결해줍니다.

41 바이어스를 연결 후 시침실을 잘라 제거해 줍니다.

42 쿠션 커버가 완성됩니다.

43 쿠션을 넣어 완성한 앞. 뒤 모양입니다.

봄과 가을, 환절기용으로 가벼우면서도 실용적으로 들고 다닐 수 있는 무릎덮개 용도의 블랑킷입니다.

퀼트 원단을 이용해 헥사곤 패치를 넣어 산뜻함을 더해주고,

덮는 안쪽은 털 원단을 이용해 포근함과 따뜻함을 주었습니다.

무릎덮개지만 아이들과 함께 사용할 수 있는 헥사곤 블랑킷입니다.

헥사곤 블랑킷

헥사곤 블랑킷

Info.

- **완성 크기**
  56.5cm×81cm

- **재료**
  ❶ 겉감 퀼트 원단 32종
  ❷ 뒤감
  ❸ 웜솜
  ❹ 펠트볼 4개

- **재단 크기**
  ❶ 헥사곤 모양 재단 퀼트 원단 32종(시접 7mm 포함)
  ❷ 퀼팅솜 85cm×60cm(솜은 겉감의 완성 크기보다 조금 여유 있게 준비합니다).
  ❸ 뒤감 81cm×56cm(시접 미포함 크기)
  ❹ 펠트볼 3.5cm 4개

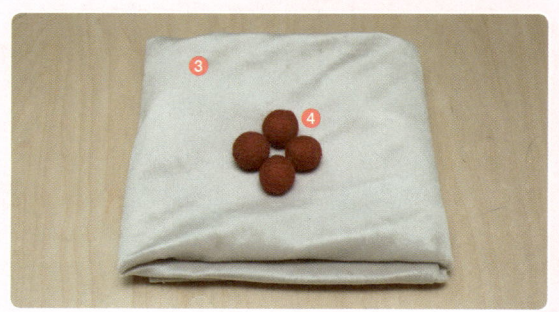

drawing

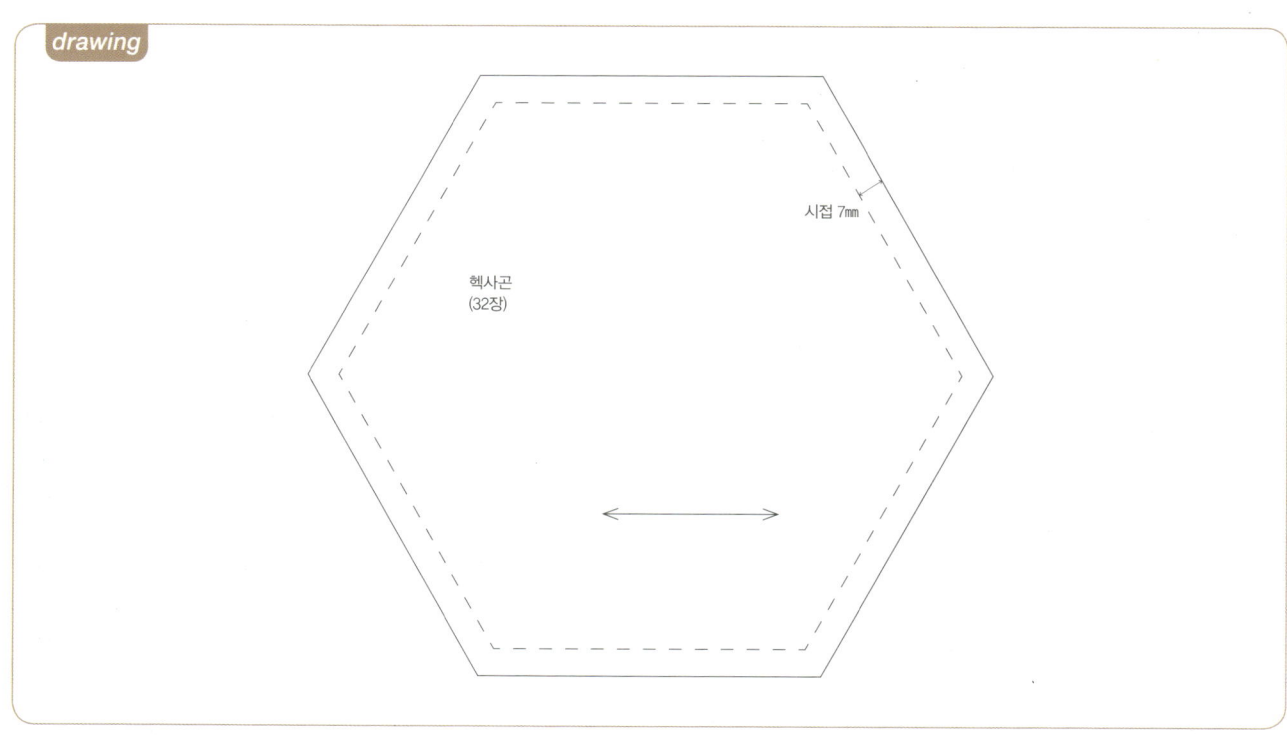

시접 7mm

헥사곤
(32장)

▲▲▲ 헥사곤 연결하기

01 시접이 포함된 크기의 원단을 헥사곤 모양으로 재단해 준비합니다.

02 뒷면에 시접을 그려 주고 겉감끼리 마주 댑니다.

03 바느질할 면은 시침핀으로 고정합니다.

04 실을 한 겹으로 홈질합니다.

05 헥사곤을 한 줄 완성합니다.

06 옆선을 바느질한 헥사곤을 두 줄 완성합니다.

07 윗줄의 헥사곤을 두 번째 줄 헥사곤의 겉면끼리 마주 대고 바느질할 부분을 시침핀으로 고정합니다.

08 한 면씩 바느질하고 그다음 바느질할 헥사곤 면을 시침핀으로 고정시켜 주면서 차례대로 연결합니다.

09 헥사곤 패치 두 줄이 연결됩니다.

10 준비한 32개의 헥사곤을 모두 연결해 줍니다. 81cm×56cm(시접 7mm 별도) 크기로 재단합니다.

11 뒷면에 접착심지를 다리미를 이용해 붙여 줍니다.

12 창구멍을 남기고 4면을 모두 박아 준 후 모서리 부분은 가위집을 줍니다.

13 창구멍으로 뒤집어 주고 창구멍을 공 그르기로 막아 줍니다.

14 헥사곤이 연결된 꼭지점 부분에 한 땀 씩 떠줍니다.

15 가장자리 4면을 모두 실 두 겹으로 홈 질합니다.

16 모서리 부분에 양모펠트를 달아줍니다.

17 완성입니다.

우유갑을 연상시키는 삼각필통은 다양한 필기도구를 넣어 사용할 수 있습니다.

열고 닫기가 편한데, 이는 옆면의 바이어스 방향을 달리 만들었기 때문입니다.

옆면을 원형으로도 응용해 만들 수 있는 필통으로 사용도가 좋은 소품입니다.

삼각필통

삼각필통

• 실물본 : 11_삼각필통

Info.

• **완성 크기**
21cm×8cm

• **재료**
❶ 겉감 패치 원단 9종
❷ 안감
❸ 바이어스
❹ 퀼팅솜
❺ 라벨
❻ 지퍼

• **재단 크기**
❶ 겉감 패치 원단
A–5장, B–2장, C–2장(시접 7mm 포함 사이즈, 도안 첨부)
❷ 퀼팅솜 23cm×17cm 1장(겉감보다 조금 여유 있게 준비합니다.)
❸ 안감 22cm×15.5cm 1장
❹ 바이어스

−삼각필통 10.5cm×3.5cm 2장(도안 첨부)
−원형 필통 바이어스 20cm×3.5cm 2장
❺ 원형 필통 옆면 7.5cm×7.5cm 겉감, 안감, 솜(시접 7mm 별도, 도안 첨부)
❻ 금장지퍼 20cm

drawing

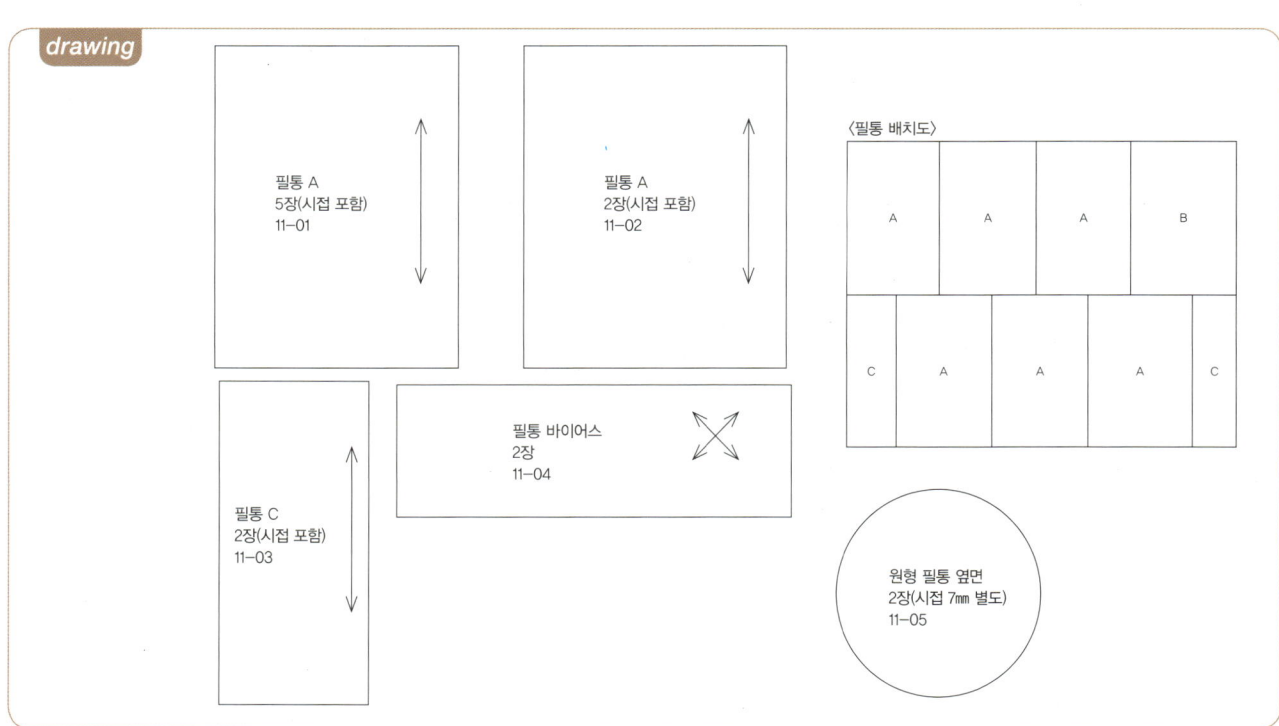

필통 A
5장(시접 포함)
11–01

필통 A
2장(시접 포함)
11–02

〈필통 배치도〉

A	A	A	B

C	A	A	A	C

필통 C
2장(시접 포함)
11–03

필통 바이어스
2장
11–04

원형 필통 옆면
2장(시접 7mm 별도)
11–05

▲▲▲ 삼각필통 몸판 만들기

01 시접자와 펜을 이용해 조각 원단에 시접이 포함된 사이즈를 그려줍니다.

02 ❶ 패치할 원단들을 배치해 줍니다.

03 왼쪽에 배치한 패치 원단 두 장을 겉면끼리 마주 댑니다.

04 바느질할 곳에 시침핀을 꽂아줍니다.

05 시접 선을 홈질해줍니다.

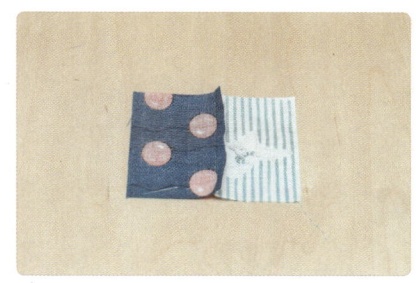

06 바느질한 후 시접은 한쪽으로 넘겨 눌러줍니다.

07 윗줄 4조각을 모두 바느질해 연결해 줍니다.

08 아랫줄 5조각도 윗조각과 동일하게 모두 바느질해 준비합니다.

09 윗줄과 아랫줄을 겉면끼리 마주 대고 시침핀을 꽂아 고정한 후 바느질해줍니다.

10 시접은 한쪽으로 넘겨 다리미로 눌러 다려줍니다.

11 솜을 대고 시접이 없는 부분에 퀼팅해 줍니다.

12 퀼팅 후 솜을 잘라줍니다.

▲▲▲ 지퍼 달기

13 완성된 겉감의 겉면과 안감의 겉면 사이에 지퍼의 뒷면이 위로 보이도록 두고 시침핀을 꽂아 고정합니다.

14 박음질한 후 안감을 위로 올려 보면 지퍼 위치가 보입니다.

15 바느질한 지퍼 부분의 솜을 가위로 잘라 주고 안감을 뒤로 넘겨 시접을 눌러줍니다.

16 반대편 안감을 겉면이 보이도록 반으로 접어줍니다.

17 그 위에 바느질할 지퍼 부분을 올려줍니다.

18 겉감을 반으로 접어 지퍼 위에 올려줍니다.

19 시접을 박음질해 준 다음 바느질한 지퍼의 시접 부분 솜을 잘라줍니다.

20 안감을 뒤집어 지퍼 부분의 겉감과 안감을 눌러 준 다음 지퍼 아래 3㎜ 지점을 홈질로 상침해 줍니다(지퍼 양쪽 모두).

▲▲▲ 시접 바이어스 처리

바이어스를 이용해 시접을 겉에서 처리하는 방법입니다.
겉면에서 바이어스 처리를 해주면 모양이 더 잘 잡힙니다.

21 지퍼가 위로 오도록 접고 필통 겉면에 바이어스 원단을 올려 시침핀으로 고정시켜 줍니다.

22 바이어스 양쪽 끝부분의 길이는 2㎝ 정도 여유를 주고 뒤로 넘겨 시침핀으로 고정시켜 줍니다.

23 시접을 박음질로 바느질합니다.

24 바느질 후 바이어스 뒷부분으로 돌려 줍니다.

25 바이어스를 반으로 접어줍니다.

26 접은 바이어스를 한번 더 접어 박음질 선이 보이지 않게 덮어줍니다.

27 시침핀으로 고정시켜 준 다음 공그르기를 합니다.

28 필통의 다른 쪽은 지퍼가 중심으로 오도록 접어 바이어스를 바느질해줍니다(과정 21~27과 같은 방법으로 처리).

29 삼각필통이 완성됩니다.

▲▲▲ 원형필통 만들기

삼각필통과 같은 몸판에 옆면을 원형으로 넣어 주면 내부가 더 넓은 필통이 완성됩니다. 삼각필통 몸판 만들기 과정 01~20과 동일합니다.

30 접착솜을 붙인 겉감에 도안의 원을 그려 시접 7㎜를 별도로 그려 준 다음 잘라 안감 안쪽에 올려놓습니다(양쪽 모두).

31 직선 퀼팅해줍니다.

32 퀼팅 후 시접 7㎜를 포함한 원형으로 잘라줍니다.

33 지퍼를 단 몸판(몸판은 삼각필통 몸판 만들기 과정 01~20과 동일)과 퀼팅한 옆면을 준비합니다.

34 바이어스를 준비해 반으로 접어 다려 준비합니다.

35 지퍼의 양쪽 부분은 바느질해 움직이지 않게 고정해줍니다.

06 시접에 가깝게 가위집을 줍니다.

37 옆면을 시침핀으로 고정해줍니다.

38 박음질해 몸판과 옆면을 연결해줍니다.

39 옆면을 모두 바느질해 연결해줍니다.

40 반으로 접은 바이어스를 바느질 선에 시침핀으로 고정시켜줍니다.

41 시침핀을 빼면서 박음질합니다. 바이어스의 처음과 끝부분은 여유를 주고 바느질하지 않습니다.

42 바느질하지 않고 남겨 놓은 바이어스의 처음과 끝 중 한 곳의 시접을 안으로 접어줍니다.

43 시접을 접지 않은 바이어스를 시접을 접은 바이어스 사이에 넣어줍니다.

44 바이어스를 안으로 넣어 준 다음 바이어스를 반으로 접어 원상복귀 시킨 다음 고정해 박음질합니다.

45 바이어스를 접어 시침핀으로 고정합니다.

46 시침핀을 빼면서 공그르기를 해 줍니다.

47 같은 방법으로 반대편도 바이어스를 연결해줍니다.

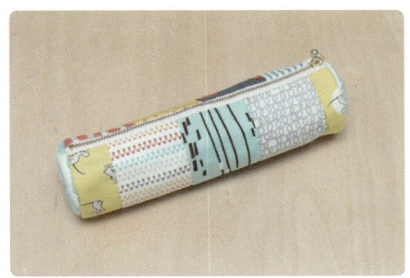

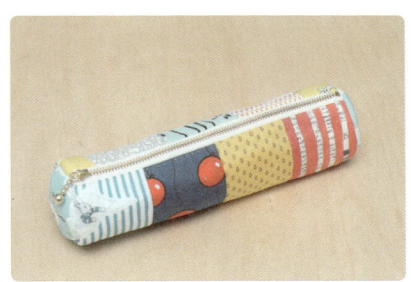

48 바이어스를 처리한 후 뒤집어 모양을 잡아줍니다.

49 옆면 변형 방법에 따라 필통의 모양을 다양하게 만들 수 있습니다.

에코백 형식의 코튼가방은

언제 어디서든 가볍게 들고 다닐 수 있는 가방입니다.

코튼과 리넨 원단을 사용하여 무게감이 없으며

가벼운 소품을 넣어 다니기에 좋아요.

코튼가방

Info.

• **완성 크기**
35cm×39cm

• **재료**
❶ 리넨
❷ 6종 퀼트 원단
❸ 안감
❹ 주머니 원단
❺ 가방끈 원단, 가방끈심지

• **재단 크기**
❶ 리넨 원단 37cm×17cm 2장
❷ 리넨 원단 37cm×13cm 2장
❸ 안감 37cm×80cm 1장
❹ 퀼트 원단
37cm×4.7cm 1장 37cm×4.3cm 1장
37cm×4.5cm 1장 37cm×3.5cm 1장
37cm×4cm 1장 37cm×3.5cm 1장

❺ 가방 끈 원단 7cm×70cm 2장
❻ 심지 5cm×70cm 2장
❼ 주머니

1cm 시접이 포함된 크기대로 재단하세요.

drawing

리넨 원단 37cm×17cm 2장

리넨 원단 37cm×13cm 2장

안감 37cm×80cm

퀼트 원단 37cm×4.7cm 1장

퀼트 원단 37cm×4.5cm 1장

퀼트 원단 37cm×4.3cm 1장

퀼트 원단 37cm×4cm 1장

퀼트 원단 37cm×3.5cm 1장

퀼트 원단 37cm×3.5cm 1장

▲▲▲ 몸판 만들기

01 ❹ 퀼트 원단 6종을 배치합니다.

02 퀼트 원단은 박음질로 연결합니다. 시접은 아랫방향으로 넘겨줍니다.

03 퀼트 원단 위와 아래에 리넨 원단을 배치합니다.

04 위, 아래 리넨 원단을 박음질해 연결하고 앞판을 만들어줍니다. 시접은 아랫방향으로 넘겨줍니다.

05 뒤판은 퀼트 원단 배치를 거꾸로 한 후 연결해줍니다. 리넨 원단도 박음질로 연결해줍니다.

06 앞판과 뒤판을 완성합니다.

07 앞판과 뒤판을 배치합니다.

08 겉면과 겉면이 마주 보도록 겹쳐줍니다.

09 윗부분을 박음질해 시접은 가름솔해 줍니다.

▲▲▲ 가방끈 만들기

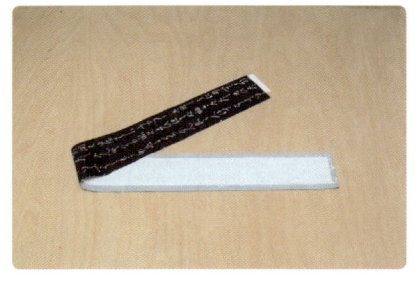

10 ❺가방끈 원단 중앙에 ❻심지를 부착합
니다.

11 양쪽 시접을 다려줍니다.

12 반으로 접어 다림질해줍니다.

13 접힌 부분을 바느질해 주고 반대쪽 가
장자리도 바느질해줍니다.

14 가방끈 두 개를 완성합니다.

15 가방끈을 몸판의 중심에서 양쪽 7㎝
부분에 자리를 잡아줍니다.

16 가방끈의 위치를 잡아 준 다음 시침해
서 가방끈을 임시로 고정해줍니다.

▲▲▲ 주머니 만들기

17 주머니 원단 두 장을 겉끼리 마주 보도록 배치해줍니다.

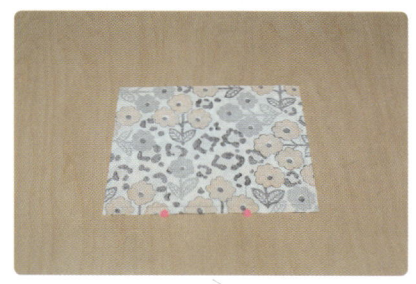

18 창구멍(핑크 시침핀 위치)을 제외하고 박음질해줍니다.

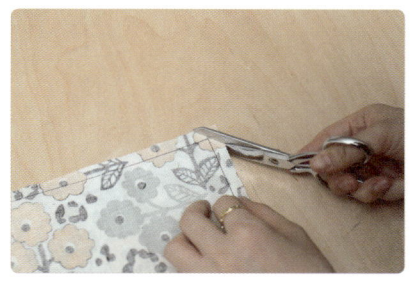

19 모서리 부분은 3mm 정도 남기고 가위로 잘라줍니다.

20 뒤집어 모양을 잡아 주고 창구멍을 막아줍니다.

21 안감의 중심에서 아래로 7cm 내려온 곳에 주머니를 시침핀으로 고정시켜줍니다.

22 수성펜으로 바느질 선을 그려줍니다.

23 입구 부분을 삼각형 모양으로 먼저 박아 주면 사용할 때 뜯어지는 것을 방지할 수 있습니다.

24 안감에 주머니를 입구를 제외하고 3면을 박음질로 연결합니다.

25 겉감의 겉면이 안감의 겉면과 마주 보도록 배치해 가방끈 부분에 시침핀을 꽂아줍니다.

26 가방끈 부분을 박음질해줍니다(양쪽 모두 같은 방법입니다).

27 겉감은 겉감끼리 마주 보게, 안감은 안감끼리 마주 보게 반을 접어 위치를 잡 아줍니다.

28 안감에 창구멍을 남기고 양 옆선을 모 두 박음질해줍니다.

29 박음질한 후 창구멍으로 뒤집어주고 창구멍을 박음질해줍니다.

30 겉감 속으로 안감을 넣어줍니다.

31 다림질해 마무리하면 코튼가방이 완 성됩니다.

가벼운 외출, 부담 없이 들고나갈 가방이 필요할 때

크로스가방을 메고 나가보세요.

지갑과 간단한 용품을 넣어 다닐 수 있는 가벼운 소재의 가방입니다.

LESSON 13

크로스가방

LESSON 13

크로스가방

• 실물본 : 13_크로스가방

Info.

- **완성 크기**
  22cm×21cm

- **재료**
  ❶ 겉감 원단 19종
  ❷ 안감 리넨 무지 원단
  ❸ 접착 퀼팅솜(4온스)
  ❹ 바이어스 원단
  ❺ 가죽 가방끈, D링, 자석스냅

- **재단 크기**
  ❶ 겉감(패치 원단) 9cm×8cm, 18종(시접 포함, 도안 첨부)
  ❷ 체크 원단 24cm×3.5cm, 4장(시접 포함)
  ❸ 안감 리넨 무지 원단 24cm×40.5cm 1장(시접 포함)
  ❹ 접착 퀼팅솜 22.5cm×43cm 1장(시접 없음)

재단 크기대로 원단을 재단하여 사용하세요.

drawing

패치
원단
18장

체크 원단 윗부분 4장

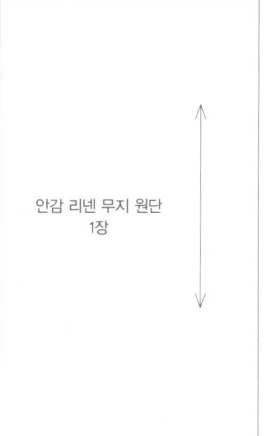

안감 리넨 무지 원단
1장

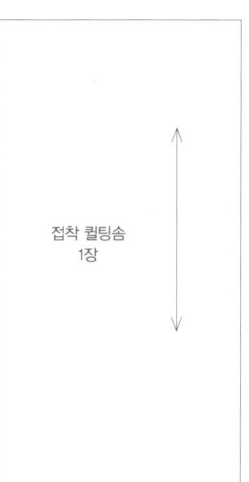

접착 퀼팅솜
1장

▲▲▲ 겉감 만들기

01 ❶겉감 패치 원단 9장을 배열해줍니다.

02 패치 순서대로 원단 두 장을 준비합니다.

03 연결할 곳에 겉과 겉끼리 시침핀을 꽂아줍니다.

04 시침핀을 제거하면서 홈질해줍니다.

05 바느질 후 시접은 가름솔해줍니다.

06 가름솔한 후 겉모습입니다.

07 패치 원단을 9장씩 패치해 연결해줍니다(가방의 앞면과 뒷면의 원단 패치 배열은 같습니다).

08 패치된 원단과 윗부분을 모두 준비합니다.

09 패치된 원단과 윗부분의 겉면끼리 마주 대고 시침핀을 꽂아 바느질합니다.

10 완성된 앞면과 뒷면의 패치 부분이 마주 보도록 배치합니다.

11 패치된 겉감 두 장을 겉면끼리 마주대고 시침핀을 꽂아 고정합니다.

12 홈질로 연결한 후 시접은 가름솔해줍니다.

13 접착 퀼트솜을 준비합니다.

14 솜은 다리미로 눌러서 부착해줍니다.

15 안감과 겉감의 같은 윗부분 체크 원단 두 장을 준비합니다.

16 홈질로 모두 바느질합니다.

17 만들어 놓은 패치 겉감을 준비하고 안감의 겉과 패치 겉감의 겉면끼리 마주 대고 양쪽 체크 원단 쪽을 홈질로 바느질해줍니다.

18 안감 쪽의 창구멍(노란 시침핀 위치)을 제외하고 박음질로 바느질합니다.

19 시접의 모서리를 정리해줍니다.

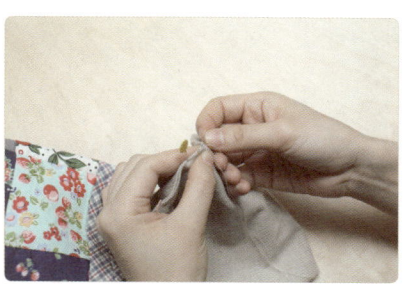

20 안감 쪽으로 낸 창구멍은 공그르기로 막아줍니다.

21 창구멍을 막은 안감을 겉감의 안으로 넣어줍니다.

22 안감을 넣은 후 윗부분은 다리미로 눌러 다려줍니다.

23 윗부분은 홈질로 상침해줍니다.

24 홈질로 상침한 후 다리미로 눌러 다려줍니다.

▲▲▲ 자석스냅 달기(버튼홀 스티치)

25 자석스냅 아래에서 실을 뺍니다. 실을 뺀 자리 바로 옆에 바늘을 넣어 스냅 고리 안으로 실을 뺍니다.

26 실을 살살 빼면 같은 자리에 실이 고리 모양이 됩니다. 그 고리에 바늘을 넣어 줍니다.

27 고리에 실을 넣어 당겨줍니다.

28 바로 옆에 바늘을 넣어줍니다. 과정 26~27을 5회 정도 반복해서 바느질해줍니다.

29 스냅고리의 다른 쪽으로 넘어갈 때는 원단 아래로 이동합니다.

30 자석스냅을 모두 달아줍니다.

31 D링도 스냅자석과 같은 방법으로 연결해줍니다. 바늘은 D링 밖에서 안으로 넣어줍니다.

32 실을 살살 당겨 실이 다 들어가지 않은 상태에서 만들어지는 고리에 바늘을 걸어줍니다.

33 실을 당겨줍니다(과정 31~33을 반복합니다).

34 D링도 스냅자석처럼 버튼홀 스티치 기법으로 연결시켜 주면 더 깔끔합니다.

35 스냅자석과 D링을 버튼홀 스티치로 연결시켜 주면 완성입니다.

36 가죽 가방끈을 D링에 걸어줍니다.

37 가방에 작은 액세서리나 라벨을 달아 주면 가방이 완성됩니다.

HAND-KNIT FOR ELRI

엘리의 손뜨개

●●● 뜨개질 방법

손가락 원형코 만들기

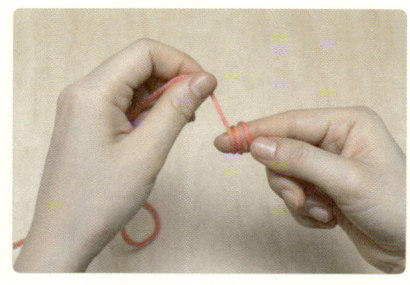

01 왼손으로 실을 잡고 오른손의 검지에 실 끝을 두 번 감습니다.

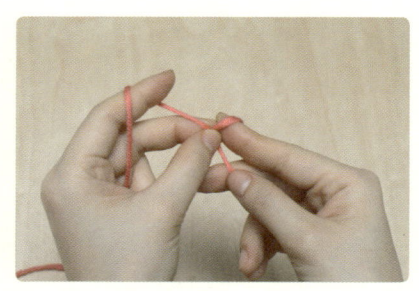

02 감은 실의 교차점을 잡고 손가락에서 빼냅니다.

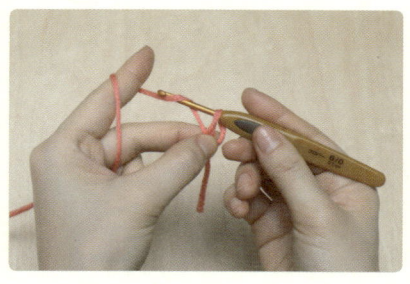

03 고리 안으로 바늘을 넣어 실을 걸어 줍니다.

04 바늘에 걸린 실을 고리 안으로 빼냅니다.

05 바늘에 실을 걸어 뺍니다.

06 고리에 코가 생깁니다. 이때 이 코는 콧수로 세지 않습니다.

사슬뜨기로 원형코 만들기

01 왼손에 걸린 실을 오른손으로 잡습니다.

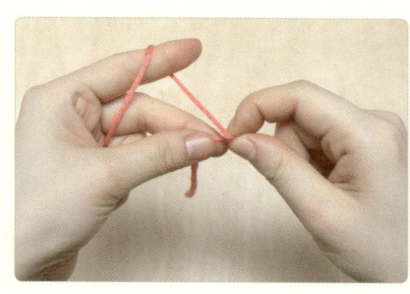

02 실을 한 바퀴 돌려줍니다.

03 교차점을 눌러 잡습니다.

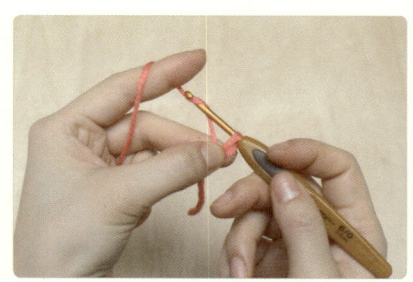

04 바늘을 고리 안으로 넣어 실을 겁니다.

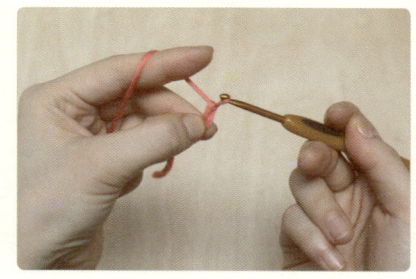

05 고리 안으로 실을 뺍니다.

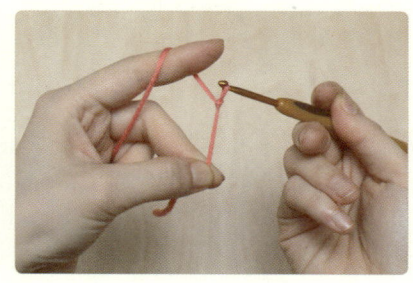

06 손가락으로 누르고 있던 교차점을 풀어 실을 당겨줍니다.

07 사슬코를 뜹니다.

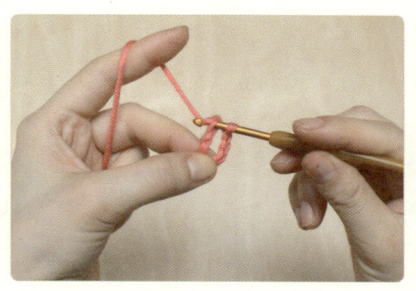

08 첫코의 사슬 바깥쪽 반 코에 바늘을 넣어줍니다.

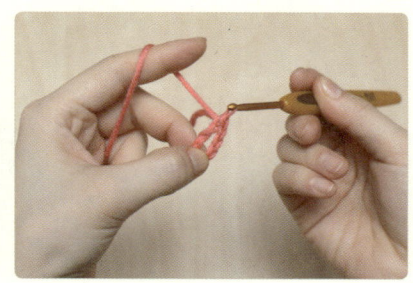

09 실을 걸어 뺍니다.

빼뜨기

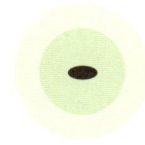

01 마지막 코까지 모두 뜹니다.

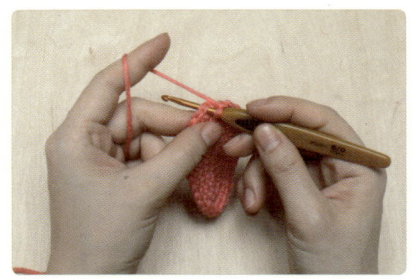

02 첫코에 바늘을 넣어줍니다.

03 바늘에 실을 한번 걸어줍니다.

04 바늘에 걸려 있는 고리를 모두 한꺼번
에 뺍니다.

짧은뜨기

01 기둥코 하나를 세웁니다.

02 첫코에 바늘을 넣어 실을 걸어 빼냅니다.

03 다시 한 번 바늘에 실을 걸어 바늘에 걸린 두 개의 고리를 한 번에 뺍니다.

04 짧은뜨기 1코가 완성됩니다.

긴뜨기

01 사슬코 2코를 떠 기둥코를 만듭니다.

02 바늘에 실을 걸어줍니다.

03 첫코에 바늘을 넣어 실을 걸어 빼냅니다.

04 바늘에 실을 걸어 바늘에 걸린 3개의 고리를 한 번에 빼냅니다.

05 긴뜨기 1코가 완성됩니다.

한길긴뜨기

01 사슬코 3코를 떠 기둥코를 만듭니다.

02 바늘에 실을 한 번 감아줍니다.

03 첫코에 바늘을 넣어 실을 바늘에 걸어 빼냅니다.

04 바늘에 실을 걸어 바늘 위 고리 2개를 빼냅니다.

05 바늘에 실을 걸고 바늘 위 2개의 고리를 한 번에 빼냅니다.

07 한길긴뜨기 한 코가 완성됩니다.

두길긴뜨기

01 사슬코 4코를 떠 기둥코를 만듭니다.

02 바늘에 실을 두 번 감아줍니다.

03 첫코에 바늘을 넣어 실을 걸어 빼냅니다.

04 바늘에 실을 걸어 바늘 위 2개의 고리를 빼냅니다.

05 바늘에 실을 걸어 바늘 위 2개의 고리를 빼냅니다.

06 바늘에 실을 걸어 바늘의 2개의 고리를 한 번에 빼냅니다.

07 두길긴뜨기 한 코가 완성됩니다.

이랑뜨기

01 기둥코 한 코를 세웁니다.

02 첫코의 짧은뜨기 중앙으로 바늘을 넣습니다.

03 짧은뜨기의 오른쪽 반 코를 걸고 바늘에 실을 감아 빼냅니다.

04 바늘에 실을 걸어 바늘 위 2개의 고리를 한꺼번에 빼냅니다.

05 이랑뜨기 한 코가 완성됩니다.

긴3코 구슬뜨기

01 기둥코 2코를 세웁니다.

02 바늘에 실을 한 번 감습니다.

03 사슬 아래쪽 공간에 바늘을 넣습니다.

04 실을 걸어 기둥코 높이로 뺍니다(미완성 긴뜨기).

05 바늘에 실을 다시 감아줍니다.

06 사슬 아래쪽 공간에 바늘을 넣어 실을 걸어 뺍니다.

07 바늘에 실을 걸어 바늘 위 5개의 고리를 한꺼번에 빼냅니다.

08 긴 3코 구슬뜨기 한 개가 완성됩니다.

09 다음 코부터는 미완성 긴뜨기 3개를 만들어 바늘에 걸린 7개의 고리를 한꺼번에 빼냅니다.

한길 긴2코 늘려뜨기

01 기둥코인 사슬코 3코를 뜹니다.

02 바늘에 실을 걸어줍니다.

03 같은 코에 바늘을 넣어 실을 걸어 빼 냅니다.

04 바늘에 실을 걸어 바늘 위 고리 2개를 빼냅니다.

05 다시 실을 걸어 바늘 위 고리 2개를 빼냅니다.

06 한길 긴 2코 늘려뜨기 한 개가 완성됩 니다.

07 그 다음코부터는 같은 자리에 한길긴 뜨기를 두 개씩 뜹니다.

한길 긴 3코 구슬뜨기

01 바늘에 실을 감아 줍니다.

02 바늘을 사슬 아래쪽 공간으로 넣어 빼냅니다.

03 바늘에 실을 걸어 바늘의 고리 2개를 빼냅니다(미완성 한길긴뜨기 상태).

04 한길 긴뜨기는 미완성인 채로 두고 바늘에 실을 겁니다.

05 같은 사슬코 아래쪽 공간에 바늘을 넣어 실을 걸어 뺍니다.

06 바늘에 실을 걸어 바늘 위 2개의 고리로 빼냅니다.

07 미완성 한길긴뜨기를 하나 더 떠줍니다.

08 바늘에 실을 걸어 바늘 위 4개의 고리로 한 번에 빼냅니다.

09 한길 긴 3코 구슬뜨기 1개가 완성됩니다.

짧은 피코뜨기

01 짧은뜨기를 뜹니다.

02 사슬코 3코를 뜹니다.

03 짧은뜨기의 머리 중앙에 바늘을 넣어
통과 시킵니다.

04 바늘에 실을 걸어 뺍니다.

05 다시 바늘에 실을 걸어 바늘 위 2개의
고리를 빼냅니다(짧은뜨기를 합니다).

06 짧은 피코뜨기 1개가 완성됩니다.

펠트를 이용해 뜨개질로 만든 소품은
포근한 감이 들어 겨울철에 사용하기 좋습니다.
나른한 오후 차 한 잔의 여유를 가지듯 펠트와 털실을 이용해
컵받침을 만들어 보세요.

컵받침

LESSON 14

컵받침

Info.

- **완성 크기**
  10cm×10cm

- **재료**
  ❶ 2.5mm 펠트
  ❷ 털실 소량
  ❸ 퀼팅실
  ❹ 코바늘 4호(모사용)
  ❺ 돗바늘

- **재단 크기**
  ❶ 2.5mm 펠트: 지름 8cm

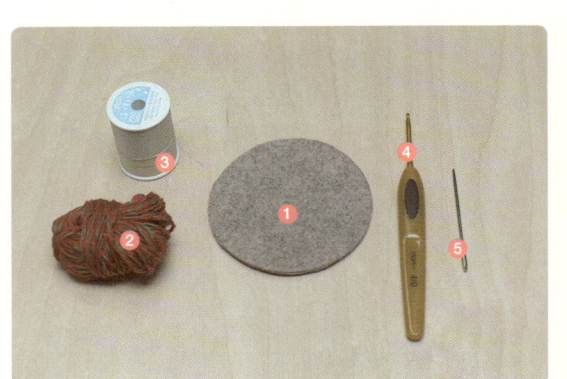

▲▲▲ 만들기

01 펠트와 소량의 털실을 준비합니다.

02 퀼팅실 1겹을 매듭을 지어 펠트의 재단면에 한 땀을 떠줍니다.

03 매듭이 펠트 안으로 들어가게 실을 당겨줍니다.

04 실을 손가락에 걸어 바늘을 펠트에 꽂아 바늘을 빼줍니다.

05 실을 당겨줍니다(과정 04~05를 반복하면 버튼홀 스티치 모양이 만들어집니다).

06 손가락에 실을 걸고 바늘을 꽂아 실 위로 빼주면서 버튼홀 스티치를 해 줍니다(바늘땀 간격은 3mm가 제일 예쁘게 나옵니다).

07 마지막 땀은 첫 땀에 겹쳐 바느질한 후 매듭을 지어줍니다.

08 펠트 절단면에 바늘을 넣어 멀리 바늘을 빼 준 후 당겨 매듭을 숨겨줍니다.

▲▲▲ 코바늘 뜨개질로 연결하기

09 바느질된 펠트의 버튼홀 스티치에 코바늘을 넣어 실을 빼줍니다.

10 기둥코를 3코 만들어줍니다.

11 바늘에 실을 한 번 감아줍니다.

12 다음 버튼홀 스티치에 바늘을 넣어 실을 걸어줍니다.

13 걸어 놓은 실을 빼줍니다.

14 실을 걸어 2코를 빼고 바늘에 실을 걸어줍니다.

15 걸어 놓은 실로 2코를 한 번에 빼줍니다(과정 **12~15**은 한길긴뜨기 방법입니다).

16 버튼홀 스티치 하나에 한길긴뜨기로 하나씩 떠줍니다.

17 마지막 코까지 모두 뜬 후 실을 잘라줍니다.

18 자른 실을 돗바늘에 끼워줍니다.

19 처음 뜬 기둥코에 돗바늘을 통과시킵니다.

20 마지막 코에 돗바늘을 통과시킵니다.

21 남은 실은 한길긴뜨기를 한 부분에 통과시켜줍니다.

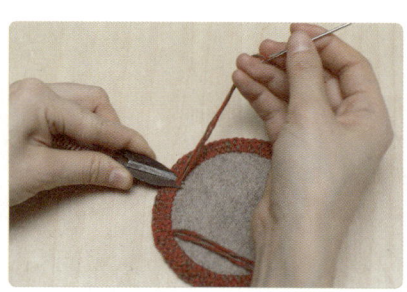

22 실을 잘라줍니다.

23 컵받침이 완성됩니다.

24 짜투리 실로 여러 개의 컵받침을 만들어보세요.

손목과 손등을 따뜻하게 보호해주는 손목워머입니다.
손목워머는 보온 효과도 좋지만 뜨기에도 어렵지 않고
패션 효과도 있어 실용적이기도 합니다.

손목워머

손목워머

• 뜨개 도안 : 270p

Info.

• **완성 크기**
  9cm×12cm

• **재료**
  ❶ 앙고라 털실 1볼 50g
  ❷ 코바늘 모사용 6/0호
  ❸ 돗바늘
  ❹ 가위

기본 사슬코는 착용하는 사람에 따라 손 크기의 차이가 있으므로 기본 사슬코 ±3코로 조절한 후 만들어줍니다.

▲▲▲ 만들기

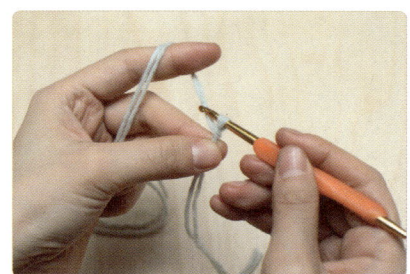

01 바늘에 고리를 만들어줍니다(이때 이 고리는 사슬코에 해당되지 않습니다).

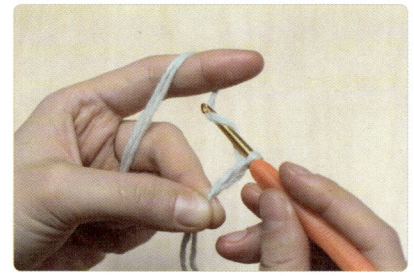

02 사슬코를 31코 떠줍니다.

03 사슬코를 모두 뜬 다음 첫 번째 사슬 코에 바늘을 넣어 빼뜨기를 합니다.

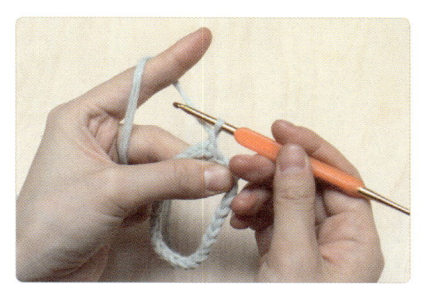

04 사슬코 1코를 떠줍니다.

05 다음 사슬코에 짧은뜨기를 합니다.

06 마지막 사슬코까지 짧은뜨기를 모두 떠 준 다음 처음 뜬 코에 빼뜨기를 합니다.

07 기둥코 1코를 세워줍니다.

08 짧은뜨기의 가운데 바늘을 넣어줍니다.

09 바늘을 넣어 실을 뺀 후 바늘에 실을 감아줍니다.

10 감은 실로 바늘에 걸려 있는 2코를 한 꺼번에 빼줍니다(과정 **08~10**은 이랑뜨기 방법입니다).

11 이랑뜨기 방법을 반복해서 떠줍니다.

12 이랑뜨기로 16단을 떠줍니다.

13 제일 마지막 단은 빼뜨기 하기 전에 실을 길게 빼줍니다.

14 실을 길게 남겨 가위로 잘라 준 다음 돗바늘에 실을 걸어줍니다.

15 첫 코에 돗바늘을 넣습니다.

16 돗바늘을 넣어 실을 빼줍니다.

17 마지막 코에 바늘을 넣어줍니다.

18 실을 빼줍니다(과정 **13~18**은 마지막 빼뜨기를 짧은뜨기 코모양으로 마무리하는 방법입니다). 이 방법을 이용하면 완성도를 높일 수 있습니다.

19 남은 실은 안쪽으로 넣어 실을 숨겨
줍니다.

20 숨기고 남은 실은 가위로 잘라줍니다.

21 손목워머는 사람마다 착용 사이즈가
다르므로 처음 시작할 때 감안하여 사슬코
를 ±3코 조절해서 만듭니다.

한겨울에 마루나 바닥에서 신을 수 있는 덧신은
매우 유용한 아이템입니다.
양말처럼 발에 착 안기는 느낌의 덧신,
실내 생활을 자주 하는 사람에게 하나쯤은 필수겠죠.

실내용 덧신

• **완성 크기**
  24cm×9cm

• **재료**
  ❶ 초록색 실 65g
  ❷ 다홍색 실 15g
  ❸ 코바늘 7호
  ❹ 돗바늘

▲▲▲ 몸판 뜨기

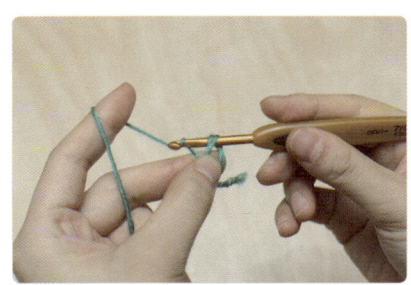

01 손가락으로 실을 두 번 감아 원형 고리를 만들어 원형코를 만들어줍니다.

02 원형코 안에 짧은뜨기를 떠 1단을 완성합니다.

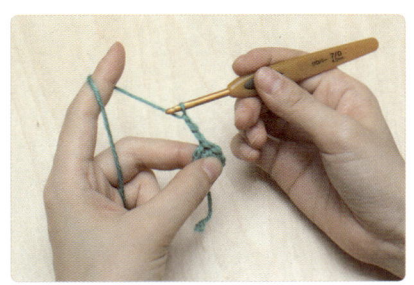

03 기둥코를 세워줍니다.

04 한 코에 한길긴뜨기를 두 개씩 떠 2단을 완성합니다.

05 기둥코를 세워줍니다.

06 한길 긴 2코 늘려뜨기, 한길긴뜨기를 반복해서 떠줍니다.

07 기둥코에 빼뜨기를 해 3단을 완성합니다.

08 기둥코를 세우고 한길 긴 2코 늘려뜨기, 한길긴뜨기, 한길긴뜨기를 반복해 떠준 다음 빼뜨기로 마무리해 4단을 완성합니다.

09 5단부터 13단까지 늘림코 없이 한길긴뜨기를 1코에 하나씩 떠줍니다.

10 기둥코를 세우고 바늘에 실을 감아 그 자리에 바늘을 넣어줍니다.

11 한길긴뜨기를 떠줍니다.

12 한길긴뜨기를 21개 만들어줍니다.

13 기둥코를 세우고 몸판을 돌려 긴뜨기 21개를 떠줍니다.

14 같은 방법으로 한길긴뜨기를 떠줍니다.

15 단을 올려 25단까지 떠 준 다음 실을 여유 있게 남기고 잘라줍니다(발 크기에 따라 단수를 늘리거나 줄여주세요).

16 몸판 끝부분을 반으로 접어 돗바늘로 첫 번째 코의 가장자리 부분 코의 반 코를 걸어줍니다.

17 반대편도 가장자리 부분 코의 반 코를 걸어줍니다.

18 이 과정을 반복해서 덧신의 뒷부분을 완성합니다.

19 덧신의 몸판이 완성됩니다.

20 다른 색의 실로 뒤꿈치 부분에 묶어줍니다.

▲▲▲ 목선 뜨기

21 기둥코를 만들어줍니다.

22 기둥코 자리에 짧은뜨기를 떠줍니다.

23 가장자리에 짧은뜨기를 떠줍니다.

24 실내화 한 짝이 완성됩니다. 다른 쪽도 같은 방법으로 완성합니다.

원단으로 만든 허리 앞치마와 동일한 모양이지만

코바늘로 만들어 겨울에 사용하기 좋은 앞치마입니다.

카페에서 멋스럽게 착용할 수 있는 카페 에이프런,

올겨울 코바늘 뜨개로 하나쯤 소장해보세요.

카페 에이프런

카페 에이프런

• 뜨개 도안 : 272p

Info.

- **완성 크기**
  42cm×39cm(끈 제외 길이)

- **재료**
  ❶ 흰색 40g 4볼
  ❷ 다홍색 40g 1볼
  ❸ 민트색 20g
  ❹ 단추 1개
  ❺ 코바늘 8호
  ❻ 돗바늘

▲▲▲ 만들기

01 사슬코 64코를 만들어줍니다.

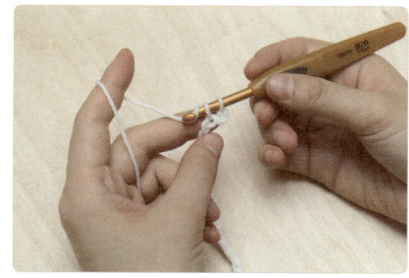

02 네 번째 사슬코에 짧은뜨기를 뜹니다.

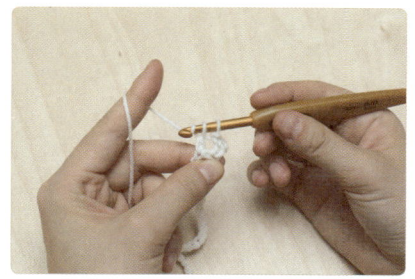

03 바늘에 실을 감아 사슬코 2코를 건너
뛰고 바늘을 넣어 실을 감아줍니다.

04 그 자리에 한길긴뜨기 2개, 사슬코 2코, 한길긴뜨기 2개를 뜹니다.

05 사슬코 2코를 건너뛰고 바늘을 넣어 짧은뜨기를 뜹니다.

06 사슬코 3코를 뜹니다.

07 같은 자리에 짧은뜨기를 뜹니다.

08 과정 03~07을 반복해서 뜹니다.

09 사슬코를 세우고 몸판을 뒤로 돌립니다.

10 사슬코 자리에 한길긴뜨기 2개를 뜹니다.

11 아랫단의 사슬코 2코가 떠진 자리에 바늘을 넣어 짧은뜨기를 뜹니다.

12 사슬코 3코를 뜹니다.

13 같은 자리에 짧은뜨기를 뜹니다.

14 아랫단의 사슬코 3코가 떠진 자리에 바늘을 넣어 한길긴뜨기 2개, 사슬코 2코, 한길긴뜨기 2개를 뜹니다.

15 과정 11~14를 반복해서 뜨고 끝부분은 한길긴뜨기를 3개를 떠줍니다.

16 1단과 2단이 반복되게 떠 단을 올려줍니다.

17 몸판 무늬를 모두 뜨고 실은 자르지 않고 그대로 둡니다.

18 사슬코 하나를 뜹니다.

19 사슬코를 뜬 자리에 짧은뜨기를 뜹니다.

20 사슬코 2개를 뜹니다.

21 아랫단의 사슬코 2개 자리에 짧은뜨기를 뜹니다.

22 사슬코 2코를 뜹니다.

23 아랫단 사슬코 3개 자리에 짧은뜨기를 합니다.

24 반복해 모두 떠줍니다.

25 모두 뜬 다음 사슬코 1코를 만듭니다.

26 실을 자르고 실을 당겨줍니다.

▲▲▲ 옆선 무늬뜨기

27 옆선에 실을 묶어줍니다.

28 기둥코를 만듭니다.

29 짧은뜨기를 합니다.

30 짧은뜨기를 계속 떠줍니다.

31 모서리 부분은 짧은뜨기 3코를 뜹니다.

32 모서리 부분 1코에 3코를 뜬 모습입니다.

33 옆선 1단을 짧은뜨기로 끝까지 떠줍니다.

34 사슬코 하나를 만들어줍니다.

35 실을 잘라 당겨줍니다.

36 옆선 1단의 기둥코 부분에 실을 묶어 줍니다.

37 기둥코를 세워줍니다.

38 한길긴뜨기 2개를 만듭니다.

39 다음 코에 한길긴뜨기 3개를 뜹니다.

40 과정 39를 반복해서 옆선 2단을 완성합니다.

41 옆선 1단의 3코를 떠 준 모서리 부분도 과정 39를 반복해서 떠 준 모습입니다.

42 2단을 반복해서 모두 뜬 다음 사슬코 하나를 만들어 준 후 실을 잘라 당겨줍니다.

43 옆선 2단 기둥코 자리에 옆선 3단의 실을 묶어줍니다.

44 기둥코를 세워줍니다.

45 다음 코에 실을 한 번 감은 바늘을 넣어 실을 걸어 뺍니다(긴뜨기 방법입니다).

46 한 코에 하나씩 긴뜨기를 떠 나가 줍니다.

47 모서리 부분을 뜬 모습입니다.

48 모두 뜬 다음 실을 잘라줍니다.

▲▲▲ 허리끈 만들기

49 흰색 실로 사슬코를 뜹니다.

50 사슬코를 315코 떠줍니다.

51 사슬코를 모두 뜬 다음 바늘에 실을 한 번 감아 세 번째 사슬코에 바늘을 넣어 실을 걸어줍니다.

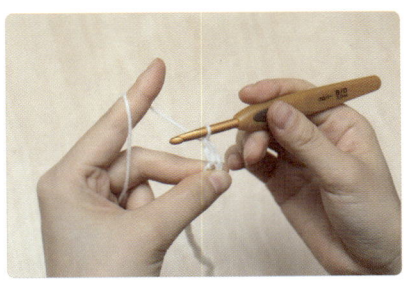

52 바늘을 뺍니다(과정 51~52는 긴뜨기 방법입니다).

53 사슬코 하나에 긴뜨기를 하나씩 떠줍니다.

54 1단 모두 긴뜨기를 떠줍니다.

55 2단의 색을 바꿀 실을 준비하고 기둥코를 세워줍니다.

56 1단의 흰색 실을 자르고 2단의 다홍색실과 한 번 묶어줍니다.

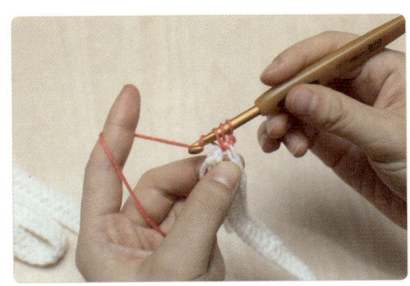

57 기둥코를 세운 자리에 긴뜨기를 뜹니다.

58 한 코에 긴뜨기를 하나씩 떠 나갑니다.

59 모서리 부분도 긴뜨기로 떠줍니다.

60 1단을 한 바퀴 모두 뜬 다음 첫 코에 빼뜨기를 해 실을 잘라줍니다.

61 실을 정리합니다.

▲▲▲ 몸판과 허리끈 연결하기

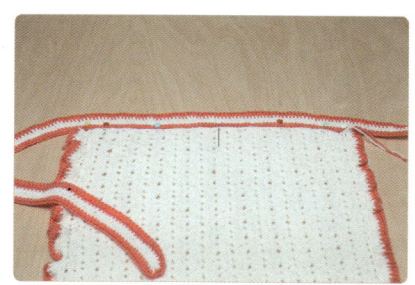

62 몸판과 허리끈의 중심을 맞춰 시침핀으로 고정해줍니다.

63 몸판과 허리끈의 겉면끼리 마주 대고 돗바늘 연결 부분에 두 배 길이의 흰색 실을 끼워 오른쪽에서 왼쪽으로 연결해 나갑니다.

64 허리끈의 다홍색 바깥쪽 한 줄과 몸판 흰색 한 줄을 잡아 연결해나갑니다.

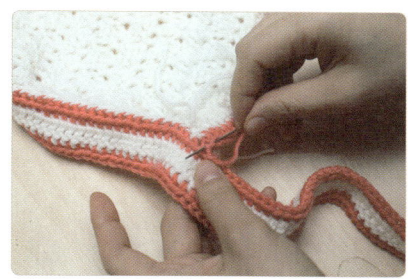

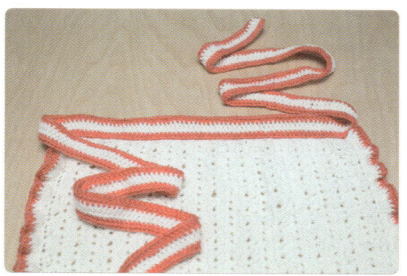

65 몸판의 흰색 끝부분까지 모두 떠줍니다. 다홍색이 겹쳐지는 끝부분은 몸판 여분의 실을 이용해 떠 연결해줍니다.

66 제일 마지막 부분은 한 번 더 통과해 튼튼하게 마무리합니다.

67 실을 자르고 정리합니다.

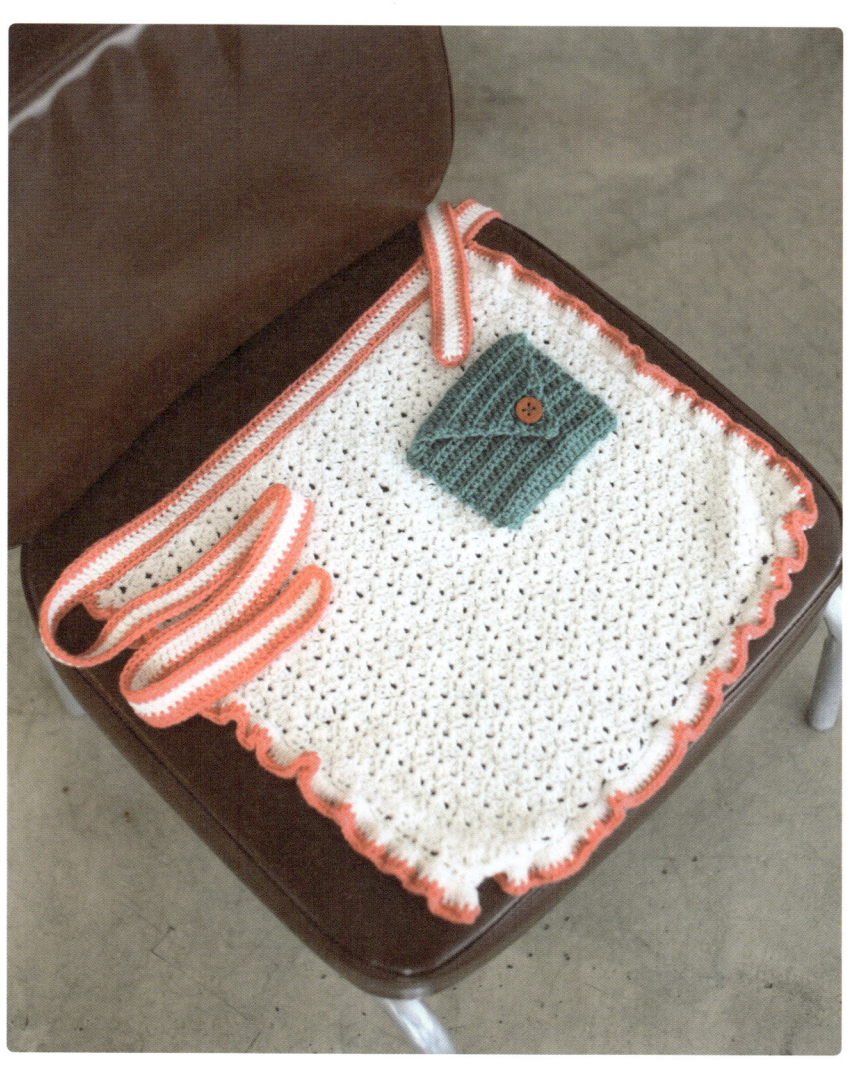

▲▲▲ 주머니 만들기

68 사슬코 22코를 뜹니다.

69 세 번째 사슬코에 긴뜨기를 뜹니다.

70 사슬코에 긴뜨기를 모두 떠줍니다.

71 몸판을 돌려 기둥코를 세워줍니다.

72 긴뜨기를 12단까지 떠줍니다.

73 13단은 17코를 뜨고 기둥코를 세워 몸판을 뒤로 돌려줍니다.

74 미완성 긴뜨기를 두 개 떠 준 다음 바늘에 실을 걸어줍니다.

75 바늘을 빼 긴뜨기 줄임코를 만듭니다.

76 긴뜨기를 계속 뜹니다.

77 마지막은 처음과 같이 미완성 긴뜨기를 두 개 떠 준 다음 바늘에 실을 걸어 빼주면서 줄임코를 합니다.

78 단을 올리면서 코를 줄어 주머니를 떠줍니다.

79 모두 뜬 다음 주머니의 줄인 부분을 접어 단추를 올려줍니다.

80 퀼팅실 두 줄로 단추를 연결합니다.

81 주머니를 몸판에 시침핀으로 고정하고 주머니와 같은 색실로 돗바늘에 끼워 홈질합니다.

82 코바늘로 뜬 에이프런이 완성됩니다.

예쁜 코바늘로 만든 카드지갑은 패브릭으로 만든 카드지갑과 같이
카드나 명함 등을 넣어 다닐 수 있는 소품입니다.
자신이 좋아하는 색의 실을 골라 떠보세요.

카드지갑

카드지갑

• 뜨개 도안 : 274p

Info.

• **완성 크기**
  12cm×9cm

• **재료**
  ❶ 울사 25g
  ❷ 코바늘 3호
  ❸ 돗바늘
  ❹ 쪽가위

▲▲▲ 몸판 만들기

01 코바늘에 고리를 하나 만들어 걸어줍니다.

02 사슬코를 떠줍니다.

03 사슬코 30코를 떠줍니다.

04 기둥코 1코를 만들어줍니다.

05 기둥코의 앞 사슬코 가운데에 바늘을 넣어 한 줄만 잡고 실을 걸어 빼줍니다.

06 코바늘에 실을 걸어 2코를 한꺼번에 빼줍니다(과정 05~06은 짧은뜨기 방법입니다).

07 짧은뜨기를 떠줍니다.

08 마지막 사슬코까지 모두 떠줍니다.

09 마지막 사슬코에 짧은뜨기를 하나 더 떠줍니다.

10 그다음 사슬코에 바늘을 넣어 실을 걸어 빼줍니다.

11 실을 걸어 2코를 한꺼번에 빼줍니다(짧은뜨기 방법입니다).

12 같은 방법으로 짧은뜨기를 떠줍니다.

13 마지막 코까지 모두 떠줍니다.

14 첫 코에 바늘을 넣어줍니다.

15 바늘에 실을 걸어 바늘에 걸려 있는 코를 모두 한꺼번에 빼줍니다(빼뜨기 방법 입니다).

16 기둥코 1코를 세워줍니다.

17 첫 번째 코에 바늘을 넣어 실을 걸어 빼줍니다.

18 바늘에 실을 걸어 2코를 한꺼번에 빼 줍니다.

19 한 코에 짧은뜨기를 하나씩 떠줍니다.

20 같은 방법으로 짧은뜨기를 이용해 떠 줍니다.

21 몸판을 완성합니다.

▲▲▲ 뚜껑 만들기

22 몸판을 떠 준 다음 실을 자르지 않고 그대로 사슬코 3코를 만들어줍니다.

23 바늘에 실을 한 번 감아줍니다.

24 1코를 건너뛰고 두 번째 코에 바늘을 넣어줍니다.

25 실을 걸어 바늘을 빼준 다음 실을 걸어줍니다.

26 바늘 위 3코를 한꺼번에 빼줍니다(과정 23~26은 한길긴뜨기 방법입니다).

27 4코를 건너뛰고 바늘을 넣어줍니다.

28 한길긴뜨기를 떠줍니다.

29 사슬코를 만들어줍니다.

30 1코를 건너뛰고 바늘을 넣어줍니다.

31 한길긴뜨기를 떠줍니다.

32 사슬코를 만들어줍니다.

33 같은 자리에 한길긴뜨기, 사슬코, 한길긴뜨기, 사슬코, 한길긴뜨기를 순서대로 떠줍니다.

34 바늘에 실을 걸어줍니다.

35 4코를 건너뛰고 그다음 코에 바늘을 넣어줍니다.

36 반복해서 무늬를 만들어줍니다.

37 마지막 코에 한길긴뜨기 2개를 떠 준 다음 사슬코 3개를 만들어줍니다.

38 몸판 방향을 바꿔줍니다.

39 실을 바늘에 한 번 감아줍니다.

40 1코 건너뛰고 그다음 코에 바늘을 넣어줍니다.

41 한길긴뜨기를 떠줍니다.

42 실을 바늘에 걸어줍니다.

43 바늘에 실을 한 번 감고 1단의 무늬 중앙 사슬코에 넣어줍니다.

44 한길긴뜨기를 떠줍니다.

45 사슬코 하나를 만들어줍니다.

46 같은 자리에 한길긴뜨기, 사슬코, 한길긴뜨기, 사슬코, 한길긴뜨기의 순서대로 떠줍니다.

47 바늘에 실을 감아줍니다.

48 과정 43~46을 반복해서 떠줍니다.

49 바늘에 실을 한 번 감아 마지막 코에 바늘을 넣어줍니다.

50 한길긴뜨기를 떠줍니다.

51 같은 자리에 한길긴뜨기를 하나 더 떠 줍니다.

52 사슬코 3코를 떠준 다음 몸판을 돌려 과정 23~51을 반복해서 떠줍니다.

53 모두 뜬 다음 실을 10~15㎝ 정도 남 겨줍니다.

▲▲▲ 실 정리하기

54 여유 있게 남긴 실을 잘라줍니다.

55 실을 돗바늘에 끼워줍니다.

56 무늬 뒷면에 떠준 무늬 사이로 바늘을 넣어 통과시켜줍니다.

57 무늬의 방향대로 바늘을 넣어 남은 여분의 실을 숨겨줍니다.

58 바늘은 무늬의 겉과 안 사이를 통과해 숨겨주면서 실을 정리해줍니다.

59 실 정리가 끝난 후 실을 잘라줍니다.

▲▲▲ 단추 달기

60 완성된 파우치를 준비합니다.

61 단추 위치에 실을 두 겹으로 하여 단추를 달아줍니다.

62 이때 단추와 몸판 사이에 공간이 생기게 당기지 않고 달아줍니다.

63 단추와 몸판 사이 공간에 실을 감아줍니다.

64 매듭을 만들어 실을 잘라줍니다.

65 납작한 단추는 조금 여유 있게 달아 실을 감아주면 단춧구멍에 단추를 넣을 때 편합니다.

66 코바늘로 만든 카드지갑이 완성됩니다.

열고 닫기 편한 바네를 이용해 만든 뜨개 파우치입니다.
가방 속에 쏙 넣어 다니면 산뜻한 색감으로
기분 좋은 하루를 시작할 수 있습니다.

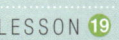

바네파우치

바네파우치

• 뜨개 도안 : 275p

Info.

• **완성 크기**
12cm×13cm

• **재료**
① 면사 4종 15g씩
② 바네 12cm
③ 돗바늘
④ 모사용 코바늘 3호
⑤ 쪽가위

▲▲▲ 모티브 만들기

※ 모티브 1단 만들기

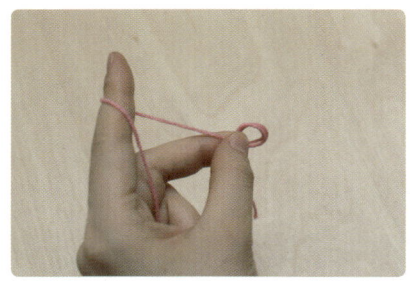

01 실을 두 번 감아 손가락으로 원형고리
를 만들어줍니다.

02 바늘을 고리 안으로 넣어 실을 걸어
빼줍니다.

03 기둥코 3코를 만들어줍니다.

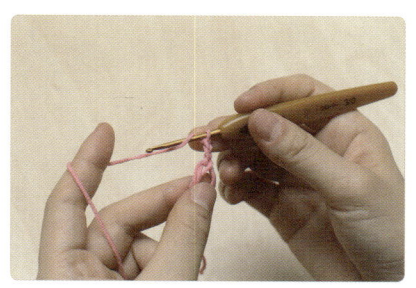

04 바늘에 실을 걸어줍니다.

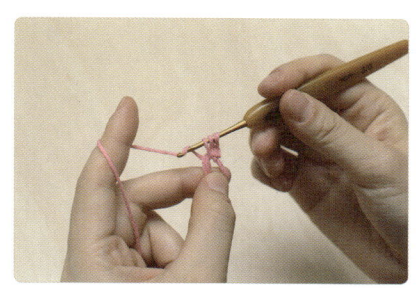

05 고리 안으로 바늘을 넣어, 실을 걸어 빼준 다음, 바늘에 실을 걸어 바늘의 2코만 빼줍니다.

06 바늘에 실을 걸어 바늘에 걸어줍니다.

07 바늘에 걸려 있는 2코를 한꺼번에 빼줍니다(과정 04~07은 한길긴뜨기 방법입니다).

08 고리 안으로 한길긴뜨기를 모두 떠줍니다.

09 처음 떠준 기둥코 제일 윗부분에 바늘을 넣어 빼뜨기를 합니다.

10 빼뜨기한 다음 사슬코를 하나 떠줍니다.

Tip 이때 만든 사슬코는 매듭 역할을 합니다.

11 실을 10㎝ 정도 길게 남겨줍니다.

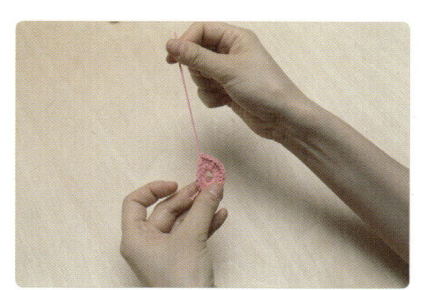

12 실을 잘라 당겨줍니다.

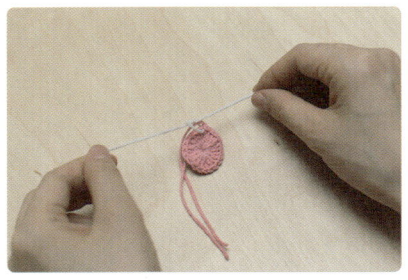

13 1단에 실을 걸어 한 번 묶어줍니다(묶는 위치는 아무 곳에서나 묶어도 무방합니다).

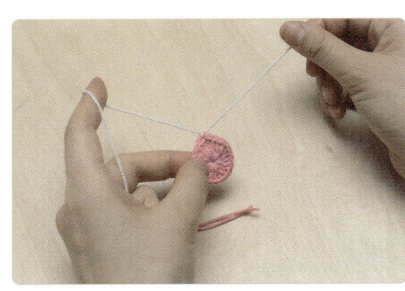

14 묶은 실을 당겨줍니다.

15 사슬코 3코를 떠줍니다(기둥코가 됩니다).

16 바늘에 실을 한 번 감아 기둥코 다음 코에 넣어 실을 걸어 빼준 다음 바늘에 실을 걸어 바늘 위 2코를 뺍니다.

17 바늘에 실을 걸어 바늘에 걸어줍니다.

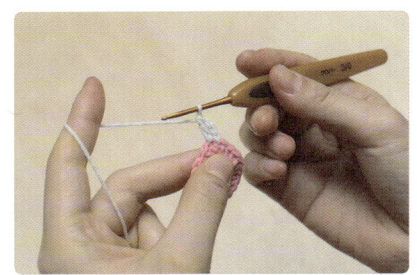

18 바늘에 걸려 있는 2코를 한꺼번에 빼줍니다.

19 1단의 다음 코에 한길긴뜨기를 하나 떠줍니다.

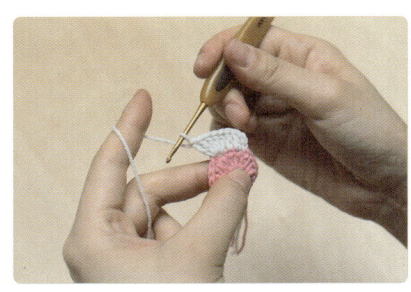

20 그다음 코에 한길긴뜨기 5개를 떠줍니다.

21 그다음 한길긴뜨기를 한 코에 하나씩 4개 떠줍니다.

22 그다음 코에 한길긴뜨기 5개를 떠줍니다.

23 같은 방법으로 마지막 코까지 떠줍니다.

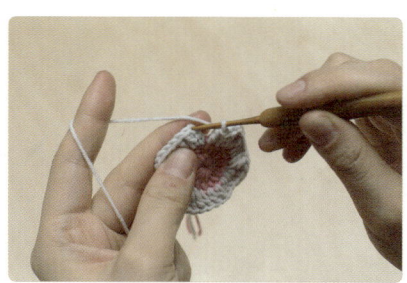

24 처음 떠준 사슬코 세 번째 코에 바늘을 넣어 빼뜨기를 합니다.

25 빼뜨기 후 사슬코 하나를 더 떠줍니다 (이때 떠주는 사슬코는 매듭 역할을 합니다).

26 실을 길게 남겨줍니다.

27 과정 25에서 만들어준 사슬코 하나가 풀리지 않게 남긴 실로 당겨줍니다.

▲▲▲ 모티브 연결하기

28 모티브를 모두 만들어 배열해줍니다.

29 배열된 모티브 중 2단의 모티브를 준비합니다. 배색 연결실은 연결할 길이의 두 배 정도로 넉넉하게 준비합니다.

30 한길긴뜨기를 5개 뜬 자리에서 세 번째 한길긴뜨기에 바늘을 걸어 실을 빼줍니다. 두 개의 모티브 같은 자리에 바늘을 걸어 빼줍니다(이때 한길긴뜨기의 가장자리 한쪽만 바늘을 걸어줍니다).

31 두 개의 모티브를 사슬 부분의 가장자리 한 코씩만 바늘을 넣어 빼줍니다(이때 실은 너무 당기지 않습니다).

32 두 개의 모티브를 모두 연결한 후 배색대로 모티브를 배치합니다.

33 같은 방법으로 모티브를 연결합니다.

34 모티브들을 순서대로 연결해줍니다.

35 모티브와 모티브 사이 부분은 양쪽 같은 부분에 바늘을 동시에 넣어줍니다.

36 실을 빼 살살 당겨 구멍이 생기지 않게 만들어줍니다.

37 배치한 모티브를 모두 연결해줍니다.

▲▲▲ 바네 부분 만들기

38 완성된 모티브의 위쪽에 실을 묶어줍니다.

39 바늘을 넣어 사슬코 하나를 만들어줍니다.

40 그다음 코에 짧은뜨기를 떠줍니다.

41 한 코에 짧은뜨기를 하나씩 떠줍니다.

42 모티브 연결 부위는 한 코를 건너뛰고 짧은뜨기를 합니다.

43 한 단을 모두 뜬 다음 마지막 코를 뜰 때 다른 색의 실을 걸어 색을 바꿔줍니다.

44 사슬코 3개를 떠줍니다.

45 몸판의 몸판을 돌려 한 코에 하나씩 한길긴뜨기를 떠줍니다.

46 마지막 코는 다음 단에 뜰 색의 실로 바꿔 바늘에 걸어줍니다.

47 사슬코 3개를 떠줍니다.

48 몸판의 몸판을 돌려 한 코에 하나씩 한길긴뜨기를 떠줍니다.

49 마지막 코는 다음 단에 뜰 색의 실로 바꿔 바늘에 걸어줍니다.

50 바뀐 색의 실로 사슬코 3개를 떠줍니다.

51 몸판의 몸판을 돌려 한 코에 하나씩 한길긴뜨기를 떠줍니다.

52 마지막 코는 다음 단에 뜰 색의 실로 바꿔 바늘에 걸어줍니다.

53 마지막 실을 바꿔서 사슬코를 떠준 다음 과정 51~52와 동일하게 떠줍니다(마지막 실색을 바꾸지 않습니다).

54 실을 여유 있게 남기고 잘라줍니다.

55 바네가 들어갈 부분을 반응로 접어 위치를 잡아줍니다.

56 돗바늘에 실을 넣어 몸판에서 한 코를 떠줍니다.

57 실을 당기고 그다음 코에 바늘을 넣어 실을 당겨줍니다.

58 이 과정을 반복해서 바네가 들어갈 부분을 만들어줍니다.

59 바네가 들어갈 부분의 한쪽이 완성 됩니다.

60 반대편 쪽도 바네가 들어갈 부분을 같은 방법으로 만들어줍니다.

61 반으로 접어줍니다.

62 돗바늘에 실을 걸어 옆부분을 연결해 줍니다.

63 한쪽 부분을 모두 연결합니다.

64 다른 쪽도 같은 방법으로 연결해줍 니다.

▲▲▲ 바네 끼우기

65 완성된 파우치 몸판과 바네를 준비합니다.

66 바네 부분에 바네 한쪽을 살짝 넣어줍니다.

67 반대편 바네도 넣어준 다음 양쪽을 동시에 넣어줍니다.

68 바네를 모두 넣어서 빼줍니다.

69 바네 연결 나사를 끼워 고정시켜 줍니다(나사가 잘 들어가지 않을 때는 고무망치를 이용해 넣어줍니다).

70 바네파우치가 완성되었습니다.

앙고라 털실로 만든 파우치는

립스틱처럼 작거나 자주 사용하는 물건을 넣어 다닐 수 있습니다.

동전지갑으로도 사용하기 좋은 핑크색의 예쁜 프레임파우치입니다.

핑크 프레임파우치

핑크 프레임파우치

• 뜨개 도안 : 276p

Info.

- **완성 크기**
  16cm×20cm

- **재료**
  1 은색 프레임 10.5cm
  2 앙고라 털실 40g
  3 모사용 코바늘 5/0호
  4 돗바늘
  5 가위
  6 안감 원단(무늬 원단)
  7 퀼팅실
  8 쪽가위

- **재단 크기**
  1 안감 원단 45cm×12cm 정도

손뜨개는 뜨는 사람마다 힘 조절의 차이가 있어 안감은 완성된 파우치의 크기에 따라 변동이 있습니다.

▲▲▲ 바닥 뜨기

01 바늘에 사슬코를 만듭니다.

02 사슬코를 20개 만들어줍니다.

03 기둥코 1코를 떠줍니다.

04 첫 코에 짧은뜨기를 떠줍니다.

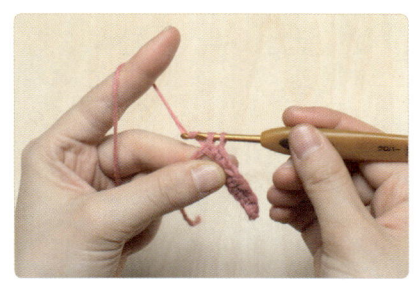

05 사슬코에 짧은뜨기를 한 코씩 떠줍니다.

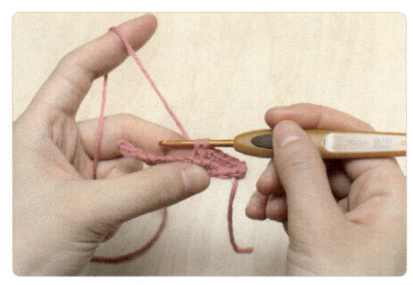

06 사슬코 반대편도 짧은뜨기를 떠줍니다.

07 사슬코를 한 바퀴 돌고 난 후 처음 기둥코에 코바늘을 넣어 빼뜨기를 합니다.

08 기둥코 1코를 세우고 5단까지 떠줍니다.

09 5단까지 뜨면 바닥 부분이 완성됩니다.

▲▲▲ 옆면 뜨기

01 기둥코를 세워줍니다.

02 기둥코 세운 자리에 짧은뜨기를 떠줍니다.

03 2코를 건너뛰고 한길긴뜨기를 떠줍니다.

04 같은 자리에 한길긴뜨기 5코를 떠주면 부채 모양으로 떠집니다.

05 2코를 건너뛰고 짧은뜨기를 합니다.

06 2코를 건너뛰고 한길긴뜨기 5코를 한 자리에 떠줍니다.

07 6단을 모두 떠줍니다.

08 기둥코와 첫 코 사이에 코바늘을 넣어 줍니다.

09 빼뜨기를 합니다.

10 기둥코를 떠줍니다.

11 기둥코를 뜬 자리에 한길긴뜨기를 2코 떠줍니다.

12 한길긴뜨기 5코가 떠진 자리에 바늘을 넣어 실을 뺍니다.

13 짧은뜨기를 떠줍니다.

14 짧은뜨기 자리에 한길긴뜨기 뜨는 실을 걸어줍니다.

15 같은 자리에 한길긴뜨기 5코를 떠줍니다.

16 단이 끝나면 첫 코와 사슬코 사이에 실을 걸어 빼뜨기를 해줍니다.

17 11단까지 모두 떠줍니다.

18 실을 15cm 정도 남기고 잘라줍니다.

19 잘라낸 실은 뜨개 뒷면에서 마무리 지어 줍니다.

20 바닥 부분 처음 시작한 실도 정리해 줍니다.

21 뜨개가 완성되었습니다.

▲▲▲ 옆면 안감 만들기

01 바닥과 몸통을 재단합니다.

Tip 안감은 뜨개의 완성된 크기에 따라 사이즈가 달라질 수 있습니다. 만든 뜨개의 크기에 맞게 조절하면 됩니다.

02 몸통 부분의 원단 뒷면에 시접을 모두 그려준 후 반으로 접어 옆선을 박아줍니다.

03 바느질된 옆선은 가름솔해줍니다.

04 입구가 될 부분의 시접은 안으로 접어 줍니다.

05 바닥과 몸통 부분을 준비합니다.

06 시침핀을 이용해서 바닥과 몸통을 고정해줍니다.

07 박음질로 안감을 완성합니다.

08 완성된 뜨개와 안감을 준비합니다.

09 뜨개 속으로 안감을 넣어줍니다.

10 시침핀을 꽂아 고정해줍니다.

11 퀼팅실로 윗부분을 감침질해줍니다.

12 감침질로 뜨개와 안감을 연결해 완성합니다.

13 완성된 몸판과 프레임을 준비합니다.

14 시침핀이나 시침 집게를 이용해서 프레임과 몸판을 고정한 후 프레임 두 번째 구멍에 바늘을 빼줍니다.

15 프레임 첫 번째 구멍에 바늘을 넣어줍니다.

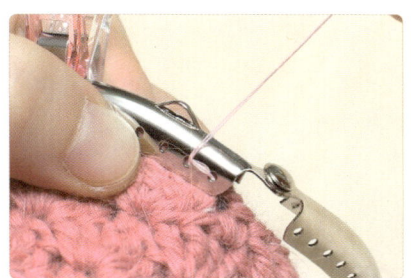

16 두 번째 구멍으로 바늘을 뺍니다.

17 세 번째 구멍에 바늘을 넣어줍니다.

18 네 번째 구멍에 바늘을 빼 세 번째 구멍에 바늘을 넣어줍니다(반복해줍니다).
★Lesson 07 프레임 파우치와 동일한 방법

19 프레임 한쪽이 완성되었습니다.

20 반대쪽 프레임도 같은 방법으로 마무리합니다.

21 프레임파우치 완성입니다.

원형으로 만든 스트링 파우치는 물병이나 렌즈 같은 원형 형태의 물건을 담을 수 있어요.

가방에 넣고 다니면서 스크래치를 주의해야 할 물건들을 넣어 주면 좋습니다.

원 모양의 바닥이 물건을 넣었을 때

안정되게 수납할 수 있도록 모양을 잡아주는 파우치입니다.

스트링파우치

스트링파우치

• 뜨개 도안 : 277p

Info.

• **완성 크기**
  15cm×14cm

• **재료**
  ❶ 울면사 8종 20g
  ❷ 울면사(파란색) 30g
  ❸ 스트링
  ❹ 코바늘 3호
  ❺ 돗바늘
  ❻ 쪽가위

▲▲▲ **바닥 만들기**

01 손가락으로 원형코를 만들어줍니다.

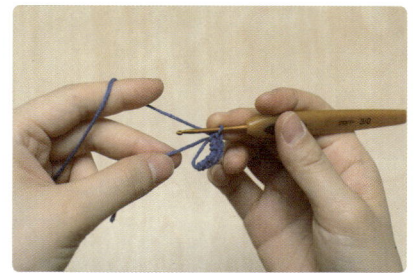

02 원형 안으로 바늘을 넣어 짧은뜨기를 떠줍니다.

03 원형코를 만들어 준 실을 당겨줍니다.

04 빼뜨기를 해 1단을 완성합니다.

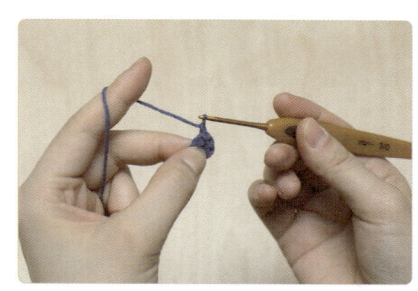

05 기둥코를 세워줍니다.

06 한 코에 늘림코를 떠 2단을 완성합니다.

07 빼뜨기를 해 2단을 완성합니다.

08 기둥코를 세워줍니다.

09 짧은뜨기를 떠줍니다.

10 그다음 코는 한 코에 짧은뜨기 2개를 떠줍니다.

11 과정 09~10을 반복해서 모두 떠줍니다.

12 빼뜨기를 해 2단을 완성합니다.

13 11단까지 도안대로 떠 바닥 부분을 완성합니다.

14 11단의 마지막 코는 다른 색의 실을 바늘에 걸어줍니다.

15 바늘 위 두 고리를 바꾼 색의 실로 한 꺼번에 빼줍니다.

16 11단의 기둥코에 바늘을 넣어 빼뜨기를 해줍니다.

▲▲▲ 몸판 만들기

17 기둥코를 세워줍니다.

18 기둥코를 세운 코에 한길긴뜨기를 떠줍니다.

19 그다음 코에 한길긴뜨기를 떠줍니다.

20 사슬코를 하나 만들어줍니다.

21 한 코를 건너뛰고 한길긴뜨기를 한 코에 하나씩 3개 떠줍니다.

22 사슬코를 하나 만들어줍니다.

23 과정 21~22를 반복해서 떠준 다음 기둥코에 빼뜨기를 해줍니다.

24 기둥코를 만들어줍니다.

25 한길긴뜨기를 한 코에 하나씩 2개 떠줍니다.

26 사슬코를 만들어줍니다.

27 13단을 모두 떠줍니다.

28 기둥코에 바늘을 넣어 다른 색의 실을 걸어 빼뜨기를 해줍니다.

29 기둥코를 세워 주고 사슬코 하나를 떠 줍니다.

30 한 코 건너뛰고 한길긴뜨기를 떠줍 니다.

31 바늘에 실을 한 번 감아줍니다.

32 밑으로 두 번째 단에 바늘을 넣어줍 니다.

33 실을 걸어 빼준 다음 바늘에 실을 걸 어줍니다.

34 한길긴뜨기를 떠줍니다.

35 바늘에 실을 한 번 감아줍니다.

36 다음 코에 바늘을 넣어줍니다.

37 한길긴뜨기를 떠줍니다.

38 과정 30~37을 반복해서 떠줍니다.

39 기둥코에 빼뜨기를 해줍니다.

40 기둥코와 사슬코 하나를 떠줍니다.

41 한 코 건너뛰고 한길긴뜨기를 떠줍니다.

42 한길긴뜨기를 한 코에 한 개씩 두 번 떠줍니다.

43 사슬코를 만들어준 다음 한 코 건너뛰고 한길긴뜨기를 떠줍니다(과정 41~42를 반복해서 떠줍니다).

44 마지막 코는 실의 색을 바꿔 바늘 위 두 고리를 한꺼번에 빼줍니다.

45 빼뜨기를 합니다.

46 기둥코를 세워줍니다.

47 밑으로 두 번째 단에 실을 걸어 한길 긴뜨기를 떠줍니다.

48 14단과 같은 방법으로 떠줍니다.

49 과정 **48**을 마무리한 다음 15단과 같은 방법으로 떠줍니다.

50 실색을 바꿔 가면서 14단과 15단의 뜨기 방법을 반복해서 떠줍니다.

51 27단까지 모두 떠줍니다.

52 기둥코에 바늘을 넣어 빼뜨기를 해 줍니다.

53 실을 길게 남겨 잘라준 다음 실을 당겨줍니다.

▲▲▲ 스트링 입구 만들기

54 바닥과 같은 색의 실을 묶어준 다음 기둥코를 하나 세워줍니다.

55 기둥코를 세운 자리에 짧은뜨기를 합니다.

56 한 코에 하나씩 짧은뜨기를 떠줍니다.

57 모두 뜬 다음 빼뜨기를 합니다.

58 기둥코를 세우고 사슬코 하나를 떠줍니다.

59 한 코 건너뛰고 다음 코에 한길긴뜨기를 떠줍니다.

60 사슬코를 만들어줍니다.

61 과정 59~60을 반복해서 떠줍니다.

62 모두 뜬 다음 기둥코에서 빼뜨기를 합니다.

63 기둥코를 세워줍니다.

64 사슬코 부분에 바늘을 넣어 실을 바늘에 겁니다.

65 짧은뜨기를 뜹니다.

66 한 코에 하나씩 짧은뜨기를 떠줍니다.

67 모두 뜬 다음 기둥코에서 빼뜨기를 합니다.

68 기둥코를 세워줍니다.

69 짧은뜨기를 4개 떠줍니다.

70 사슬코를 만들어줍니다.

71 사슬코 아래 짧은뜨기 중앙에 바늘을 넣어줍니다.

72 실을 걸어 빼줍니다.

73 같은 자리에 짧은뜨기를 떠줍니다.

74 과정 69~73은 짧은 피코뜨기 방법입니다.

75 마지막 네 번째 짧은뜨기에 짧은 피코뜨기를 떠줍니다.

76 기둥코에 바늘을 넣어 빼뜨기를 해 줍니다.

77 실을 길게 남겨준 다음 잘라줍니다.

78 뒤집어 실을 정리해 줍니다.

79 실을 정리할 때는 같은 색실 부분에 정리해 줍니다.

80 실 정리가 끝나면 쪽가위를 이용해 잘라줍니다.

▲▲▲ 스트링 끼우기

81 완성된 파우치와 스트링을 준비합니다.

82 스트링은 사진처럼 서로 엇갈리게 배치해줍니다.

83 고무줄 끼우는 도구를 이용해 스트링을 끼워 지그재그로 실을 걸어줍니다.

84 한 바퀴 돌아서 스트링을 빼줍니다.

85 다른 쪽도 같은 방법으로 스트링을 끼워줍니다.

86 스트링에 매듭을 만들고 남은 부분을 가위로 잘라줍니다.

87 양쪽 모두 스트링 매듭을 만들어 주고 완성합니다.

88 완성된 원형 모양의 스트링 파우치입니다.

여러 개의 모티브를 이용하여 뜬 쿠션입니다.

원단보다 푹신함과 푸근함이 더하는 쿠션이기도 합니다.

많은 모티브를 떠야 해서 시간은 걸리지만

완성하고 나면 만족감과 행복함이 묻어나는 쿠션입니다.

모티브 쿠션

모티브 쿠션

• 뜨개 도안 : 278p

Info.

- **완성 크기**
  40cm×40cm

- **재료**
  ❶ 색실 20g
  ❷ 흰색실 50g 2볼
  ❸ 코바늘 6호
  ❹ 돗바늘
  ❺ 40mm 단추 3개
  ❻ 쿠션솜 40cm×40cm

▲▲▲ 모티브 1단 뜨기

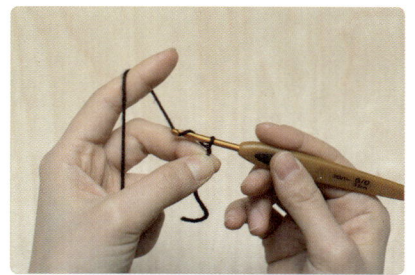

01 고리를 만들어 바늘에 걸어줍니다.

02 사슬코 5코를 만들어줍니다.

03 첫 번째 사슬코에 바늘을 넣어줍니다.

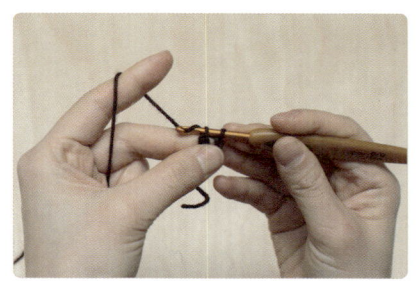

04 바늘에 실을 걸어 바늘 위 2코를 한꺼번에 빼줍니다(과정 03~04는 빼뜨기 방법입니다).

05 사슬코 3코를 떠줍니다.

06 동그랗게 만든 사슬코 안으로 바늘을 넣어 한길긴뜨기를 떠줍니다.

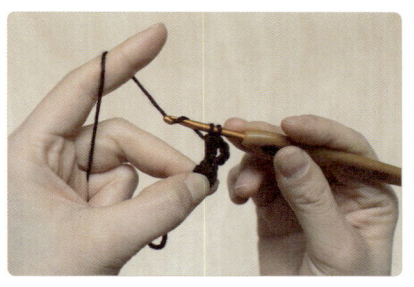

07 한길긴뜨기를 모두 떠줍니다.

08 마지막 코까지 모두 뜬 다음 기둥코의 세 번째 코에 바늘을 넣어 실을 걸어 한꺼번에 빼줍니다.

09 사슬코를 하나 만들어줍니다(이때 사슬코는 매듭 역할을 합니다).

10 실을 길게 남겨준 다음 잘라줍니다.

11 남겨준 실을 당겨줍니다.

▲▲▲ 2단 뜨기

12 1단 모티브에 2단 실을 걸어줍니다(이 때 위치는 어떤 곳이든 상관없습니다).

13 실을 걸어 빼줍니다.

14 매듭을 지어줍니다.

15 기둥코를 세워줍니다.

16 한길긴뜨기를 떠줍니다.

17 사슬코 하나를 만들어줍니다.

18 바늘에 실을 걸어줍니다.

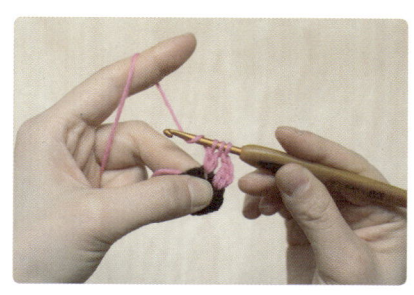

19 다음 코에 한길긴뜨기를 두 개 떠줍니다.

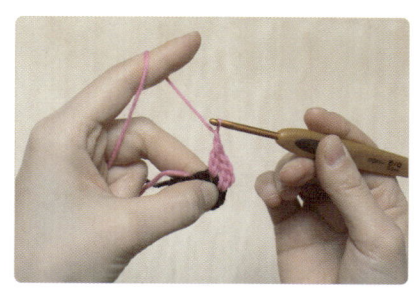

20 사슬코를 만들어줍니다.

21 마지막까지 모두 뜬 다음 기둥코에 바늘을 넣어 실을 걸어줍니다.

22 걸린 실을 한꺼번에 뺀 후 빼뜨기를 합니다.

23 사슬코를 만들어줍니다.

24 실을 길게 남겨 잘라줍니다.

25 마지막에 만든 사슬코가 당겨지도록 실을 당겨줍니다.

26 2단이 완성됩니다.

▲▲▲ 3단 뜨기

27 2단 모티브에 3단 실을 걸어 매듭을 지어 줍니다.

28 기둥코를 만들어줍니다.

29 한길긴뜨기를 2개 떠줍니다.

30 사슬코를 떠줍니다.

31 그다음 코에 한길긴뜨기를 3개 떠줍니다.

32 사슬코를 떠줍니다.

33 모두 떠준 다음 기둥코에 바늘을 넣어 빼뜨기를 합니다.

34 사슬코를 하나 만들어 실을 길게 남겨 잘라줍니다.

35 3단이 완성됩니다.

36 모티브를 모두 3단까지 떠줍니다.

▲▲▲ **4단 뜨기**

37 3단에 실을 걸어 매듭을 만들어줍니다.

38 기둥코를 떠줍니다.

39 한길긴뜨기 2개를 떠줍니다.

40 사슬코 2개를 만들어줍니다.

41 같은 자리에 한길긴뜨기 3개를 떠줍니다.

42 사슬코를 만들어줍니다.

43 그다음 코에 한길긴뜨기 3개를 떠줍니다.

44 사슬코를 만들어줍니다.

45 그다음 코에 한길긴뜨기 3개를 떠 준후. 그다음 코에 한길긴뜨기 3개를 떠줍니다.

46 사슬코를 만들어줍니다.

47 같은 자리에 한길긴뜨기 3개를 만들어줍니다.

48 모두 뜬 다음 기둥코에 실을 걸어 빼뜨기를 합니다.

49 사슬코를 하나 떠준 다음 실을 길게 남겨 잘라줍니다.

50 4단이 완성됩니다.

▲▲▲ 모티브 연결하기

51 4단까지 완성된 모티브를 배열합니다.

52 모티브를 연결할 실을 길이의 두 배 정도 여유 있게 준비합니다.

53 돗바늘에 실을 끼워 왼쪽 모티브 가장 자리 사슬코에 바늘을 아래에서 위로 넣어 줍니다.

54 오른쪽 모티브의 가장자리 사슬코에 바늘을 위에서 아래로 넣어줍니다.

55 왼쪽 모티브의 같은 자리에 바늘을 아래에서 위로 넣어 실을 빼줍니다.

56 양쪽 모티브의 제일 가장자리 실만 하나씩 걸어 돗바늘로 연결해줍니다.

57 모서리가 되는 부분의 사슬코 하나까지 모두 연결해줍니다.

58 그다음 연결할 모티브를 준비해 모서리 부분의 사슬코 하나에 바늘을 넣어 실을 빼줍니다.

59 같은 방법으로 양쪽 모티브를 연결합니다.

60 배치해 놓은 모티브의 세로 방향을 모두 연결해줍니다.

61 같은 방법으로 모티브의 가로 방향을 모두 연결해줍니다.

62 모티브의 가장자리 부분은 세로 방향으로 연결한 부분이 가로 방향을 연결할 때도 한 번 더 지나가게 됩니다.

63 양쪽 모두 바늘이 통과해 연결된 부분은 X자처럼 교차되게 보입니다.

64 모티브를 모두 연결해 앞판을 완성합니다.

65 뒤판 모티브의 1단, 2단, 3단은 모두 같은 색 실로 만들어 주고 4단만 흰색 실로 만들어줍니다.

66 완성된 모티브들을 배열해줍니다.

67 앞판과 같은 방법으로 뒤판도 모두 모티브를 연결해줍니다.

▲▲▲ 앞판 완성하기

68 완성된 앞판에 흰색 실을 묶어줍니다.

69 기둥코를 세워줍니다.

70 같은 자리에 한길긴뜨기를 2개 떠줍니다.

71 사슬코를 만들어줍니다.

72 그다음 코에 한길긴뜨기 3개를 만들어줍니다.

73 사슬코를 만들어줍니다.

74 모서리 부분에 한길긴뜨기 3개를 떠줍니다.

75 사슬코를 떠줍니다.

76 한길긴뜨기 3개를 떠줍니다.

77 모두 떠준 다음 처음 기둥코에 바늘을 넣어 빼뜨기를 합니다.

78 기둥코를 세워줍니다.

79 같은 방법으로 1단을 떠줍니다.

80 연결된 모티브의 둘레를 2단 떠서 앞판을 완성합니다.

81 뒤판도 같은 방법으로 떠준 다음 뒤판 뒷면에 앞판의 뒷면이 마주 보도록 올려줍니다.

▲▲▲ 앞판과 뒤판 연결하기

82 모서리 부분의 사슬코에 실을 걸어 한 번 묶어줍니다.

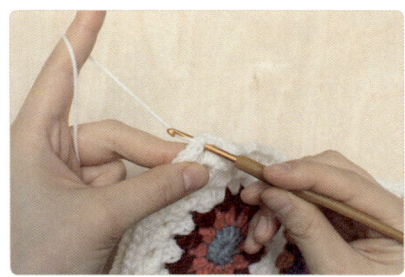

83 바늘을 넣어 실을 걸어줍니다.

84 기둥코를 세워줍니다.

85 기둥코를 떠준 자리에 짧은뜨기를 떠줍니다.

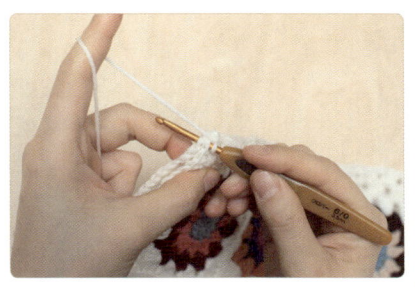

86 다음 코로 이동해 앞판과 뒤판의 코를 같이 바늘에 넣어 실을 걸어줍니다.

87 짧은뜨기를 떠줍니다.

88 한 코에 짧은뜨기를 하나씩 떠줍니다.

89 무늬와 무늬 사이에도 바늘을 넣어 짧은뜨기로 떠줍니다.

90 모서리 부분은 짧은뜨기를 3개 떠줍니다.

91 마지막 코까지 모두 떠줍니다.

92 그 자리에서 실을 자르지 않고 바로 기둥코를 떠줍니다.

93 그다음 코에 한길긴뜨기를 떠줍니다.

94 한길긴뜨기를 한 코에 하나씩 떠줍니다.

95 사슬코 부분도 한길긴뜨기를 하나씩 떠줍니다.

96 앞판과 뒤판의 연결 부분은 미완성된 한길긴뜨기를 2개 만들어줍니다.

97 미완성된 한길긴뜨기 2개를 바늘에 실을 걸어 바늘에 걸린 3개의 루프를 한꺼번에 빼냅니다.

98 한길긴뜨기를 마지막까지 떠줍니다.

99 기둥코에 빼뜨기를 해줍니다.

100 기둥코를 세워줍니다.

101 한길긴뜨기를 한 코에 하나씩 떠줍니다.

102 모두 뜬 다음 기둥코에 빼뜨기를 해 실을 길게 남겨 잘라줍니다(사진보다 한길 긴뜨기로 2단을 더 올려줍니다).

103 단추와 단춧고리를 만들 실을 준비합니다.

104 실을 뒤판 쪽에 묶어줍니다.

105 기둥코를 세워줍니다.

106 기둥코 자리에 짧은뜨기를 떠줍니다.

107 짧은뜨기를 한 코에 하나씩 떠줍니다.

108 단춧고리 부분에 사슬 20코를 떠줍니다.

109 같은 자리에 바늘을 넣어 실을 걸어
줍니다.

110 짧은뜨기를 떠줍니다.

111 단춧고리 부분을 떠 주고 난 후의 모
습입니다.

112 짧은뜨기를 계속 떠줍니다.

113 모두 뜬 다음 처음 기둥코에 빼뜨기
를 합니다.

114 실을 길게 남겨 잘라줍니다.

115 단춧고리 부분이 완성됩니다.

116 단추 위치에 단추를 달아줍니다.

117 단추 3개를 모두 달아줍니다.

118 쿠션이 완성됩니다.

따스한 햇볕이 들어오는 창가에 앉아 있지만

차가운 무릎엔 따뜻한 담요가 있으면 좋겠지요.

코바늘 모티브를 이용해 만든 블랭킷은

모티브 개수를 더 많이 만들어 크기를 조절할 수 있습니다.

블랑킷

블랑킷

• 뜨개 도안 : 280p

Info.

• **완성 크기**
  92cm×77cm

• **재료**
  ❶ 실 2종 450g
  ❷ 코바늘 7호

▲▲▲ **모티브 1단 만들기**

01 사슬코 4코를 만듭니다.

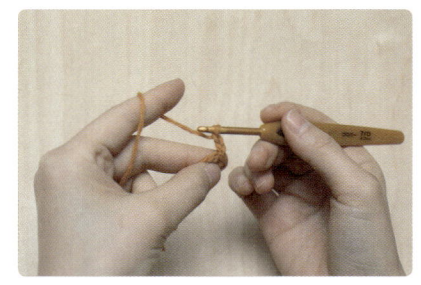

02 첫 번째 사슬코에 바늘을 넣어 빼뜨기 한 다음 기둥코를 세워줍니다.

03 바늘에 실을 한 번 감고 원 안으로 넣 어 실을 빼 바늘에 3개의 고리가 걸쳐 지 게 만듭니다(긴뜨기 1개가 미완성된 상태 입니다).

04 바늘에 실을 한 번 더 감아 원 안으로 넣어 실을 빼 바늘에 5개의 고리가 걸쳐지게 만듭니다(긴뜨기 2개가 미완성 상태입니다).

05 바늘에 실을 걸어 바늘에 걸쳐져 있는 5개의 고리를 한꺼번에 빼줍니다(과정 03 ~05는 긴 3코 구슬뜨기 방법입니다).

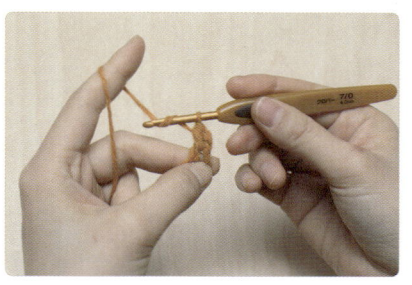

06 사슬코 1코를 떠줍니다.

07 과정 03~06을 반복해서 떠줍니다.

08 첫 번째 긴 3코 구슬뜨기에 바늘을 넣어 빼뜨기를 해줍니다.

09 사슬코 하나를 만들어줍니다.

10 실을 자르고 당겨 1단을 완성합니다.

▲▲▲ 2단 만들기

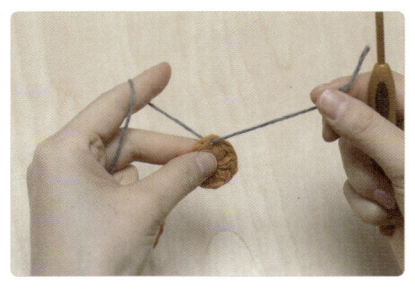

11 2단을 만들어줄 실을 1단의 사슬코 아래로 실을 빼줍니다.

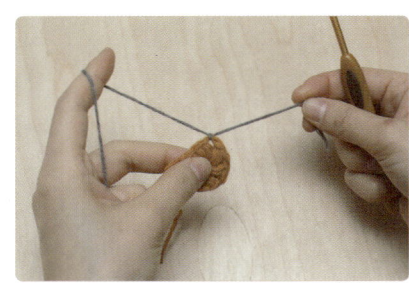

12 한 번 묶어줍니다.

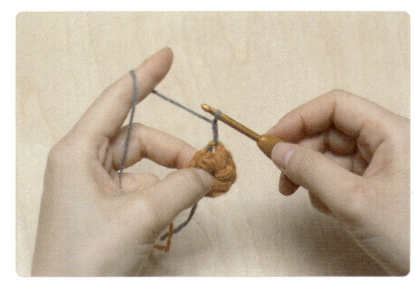

13 기둥코를 만들어줍니다.

14 기둥코를 세운 자리에 바늘을 넣어 한 길긴뜨기 4개를 떠줍니다.

15 2단을 모두 떠준 다음 기둥코의 세 번째 코에 바늘을 넣어줍니다.

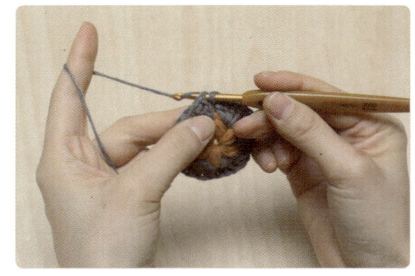

16 실을 걸어 빼뜨기를 합니다.

17 사슬코를 하나 떠준 다음 실을 길게 남겨 잘라줍니다.

▲▲▲ 3단 만들기

18 3단의 실을 준비해 2단에 묶어줍니다.

19 기둥코를 세워줍니다.

20 기둥코를 세운 자리에 미완성된 한길 긴뜨기를 2개 만들어줍니다.

21 바늘에 실을 걸어 바늘 위 3개의 고리 를 한꺼번에 빼줍니다.

22 바늘에 실을 한 번 감아 세 번째 한길 긴뜨기에 바늘을 넣어줍니다.

23 한길긴뜨기를 떠줍니다.

24 사슬코 3코를 떠줍니다.

25 실을 바늘에 한 번 감아 한길긴뜨기를 떠 준 자리에 바늘을 넣어줍니다.

26 한길긴뜨기를 떠줍니다.

27 3단을 모두 떠준 다음 첫 번째 코에 바늘을 넣어줍니다.

28 빼뜨기를 합니다.

29 실을 길게 남겨 잘라줍니다.

▲▲▲ 4단 만들기

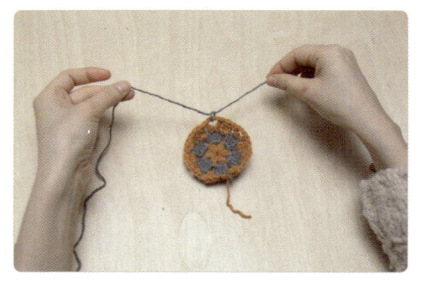

30 4단의 실을 준비해 3단의 사슬코 3코를 뜬 부분에 매듭을 지어줍니다.

31 기둥코를 세워줍니다.

32 기둥코를 세운 자리에 한길긴뜨기 2개를 떠줍니다.

33 사슬코 1코를 떠줍니다.

34 같은 자리에 한길긴뜨기 3개를 더 떠줍니다.

35 사슬코를 떠줍니다.

36 그다음 코에 미완성된 한길긴뜨기를 떠줍니다.

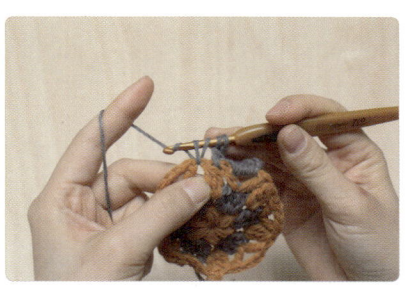

37 계속하여 그다음 코에 미완성된 한길 긴뜨기를 떠줍니다.

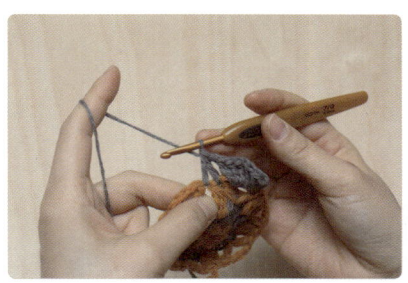

38 바늘에 실을 걸어 미완성된 한길긴뜨기 2개를 한꺼번에 뺍니다.

39 사슬코를 만들어줍니다.

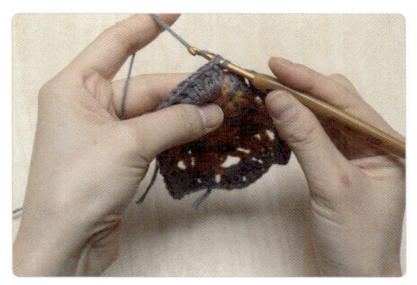

40 4단을 모두 떠준 다음 첫 번째 코에 바늘을 넣어줍니다.

41 빼뜨기를 합니다.

42 실을 길게 남겨 실을 잘라줍니다.

▲▲▲ 5단 만들기

43 4단 사슬코에 매듭을 만들어줍니다.

44 기둥코를 세워줍니다.

45 같은 자리에 한길긴뜨기 2개를 떠줍니다.

46 그다음 코에 한길긴뜨기를 3개 떠줍니다.

47 다음 코에 한길긴뜨기 1개를 떠줍니다.

48 사슬코 3코를 떠줍니다.

49 같은 자리에 한길긴뜨기를 떠줍니다.

50 반복하여 떠준 다음 빼뜨기로 마무리합니다. 사슬코를 만들고 실을 잘라줍니다.

Tip

모티브 연결하기

첫 번째 모티브만 5단까지 떠서 완성해 주고 나머지 모티브는 4단까지 완성해 5단을 떠 주면서 모티브끼리 연결해줍니다.

▲▲▲ 모티브 두 개 연결하기

51 5단까지 완성된 ⓐ모티브를 준비하고 4단까지 완성된 ⓑ모티브는 5단 모서리 부분의 한길긴뜨기 부분까지 떠줍니다.

52 사슬코를 하나 만들어 주고 5단까지 완성된 ⓐ모티브의 모서리 부분 사슬코에 바늘을 위에서 아래로 넣어 실을 걸어줍니다.

53 바늘에 걸린 실을 위로 올려 바늘에 걸려 있는 고리 안으로 통과시켜 빼줍니다.

54 사슬코를 하나 만들어줍니다.

55 ⓑ모티브의 같은 자리에 한길긴뜨기를 만들어줍니다.

56 ⓐ모티브의 다음 코에 바늘을 위에서 아래로 넣어 실을 바늘에 걸어줍니다.

57 실을 걸어 빼주면서 바늘에 걸려 있는 고리 안으로 통과해 빼줍니다.

58 ⓑ모티브의 다음 코로 이동해 한길긴뜨기를 떠줍니다.

59 같은 자리에 한길긴뜨기 총 3개를 떠주면 됩니다.

60 ⓐ모티브의 다음 코에 바늘을 넣어 실을 걸어줍니다.

61 바늘에 걸린 실을 뺍니다.

62 ⓑ모티브의 다음 코에 한길긴뜨기를 떠줍니다.

63 한길긴뜨기 총 3개를 만듭니다.

64 ⓐ모티브의 다음 코에 바늘을 넣어 실을 걸어줍니다.

65 걸린 실을 뺍니다.

66 ⓑ모티브의 다음 코에 한길긴뜨기를 만듭니다.

67 사슬코를 만듭니다.

68 ⓐ모티브의 사슬코 3개가 떠진 부분에 바늘을 위에서 아래로 넣어 실을 걸어줍니다.

69 실을 걸어 뺍니다.

70 사슬코를 만듭니다.

71 ⓑ모티브의 같은 자리에 한길긴뜨기를 떠줍니다.

72 ⓑ모티브의 끝까지 뜬 다음 처음 떠준 기둥코의 제일 윗부분에 바늘을 넣어 실을 걸어줍니다.

73 빼뜨기를 합니다.

74 사슬코를 하나 만들어준 다음 실을 길게 남겨 잘라줍니다.

▲▲▲ 모티브 3개 연결하기

75 연결된 두 개의 ⓒ모티브를 준비하고 4단까지 완성된 ⓓ모티브를 모서리 부분의 한길긴뜨기까지 떠줍니다.

76 사슬코를 하나 만듭니다.

77 ⓒ모티브의 모서리 부분 사슬코에 바늘을 넣어 실을 걸어 뺍니다.

78 사슬코를 하나 만들어줍니다.

79 ⓓ모티브의 같은 자리에 한길긴뜨기를 떠줍니다.

80 ⓒ모티브의 다음 코에 바늘을 넣어 실을 걸어줍니다.

81 걸린 실을 뺍니다.

82 계속 뜨면서 모서리 부분은 두 번 떠서 연결해줍니다(Lesson 25 모티브 패치 크로스 백과 연결 방법 동일).

83 4단까지 완성된 모티브를 연결해 나갑니다.

84 한 줄 한 줄 완성하면서 끝까지 마무리합니다.

85 완성한 후 다리미 스팀을 주어 다려줍니다.

86 완성된 모습입니다.

숄더백은 언제 어디서나 일상에서 흔하게 볼 수 있는 아이템입니다.

서늘한 계절에는 털실로 만든 따뜻한 느낌의 숄더백으로

분위기를 한껏 연출해 보세요.

솔더백

숄더백

• 뜨개 도안 : 282p

Info.

- **완성 크기**
  34cm×43cm

- **재료**
  ❶ 주황색 실 110g
     보라색 실 160g
  ❷ 모사용 7호 코바늘
  ❸ 쪽가위
  ❹ 돗바늘

▲▲▲ **가방 바닥 만들기**

01 바늘에 고리를 만들어줍니다.

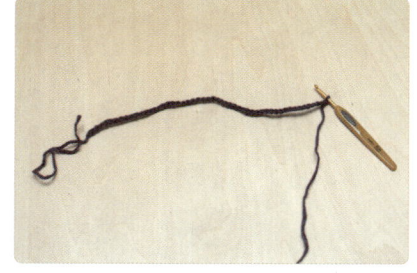

02 사슬코 28코를 만듭니다.

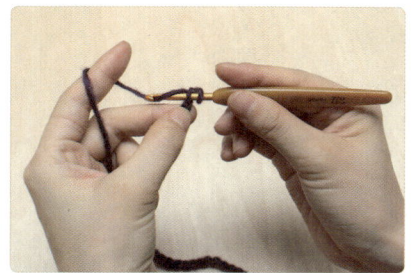

03 첫 번째 코를 건너뛰고 두 번째 코에 바늘을 넣어줍니다.

04 짧은 3뜨기를 떠줍니다.

05 사슬코의 한쪽 줄을 짧은뜨기로 계속 떠줍니다.

06 짧은뜨기로 뜨다 마지막 코 부분은 사슬코 5코를 떠줍니다.

07 모서리를 돌려 떠준 사슬코의 반대편을 짧은뜨기를 합니다.

08 짧은뜨기를 쭉 뜹니다.

09 끝부분은 짧은뜨기 4개를 뜹니다.

10 첫 코에 빼뜨기를 합니다.

11 기둥코를 세우고 기둥코 자리에 짧은뜨기를 뜹니다.

12 짧은뜨기를 쭉 뜬 후 모서리 부분에 짧은뜨기 1개를 뜹니다.

13 사슬코 2코를 만듭니다.

14 같은 자리에 짧은뜨기를 뜹니다(과정 12∼14는 바닥의 모서리 부분입니다).

15 다음 코에 짧은뜨기를 뜹니다.

16 다음 코에 짧은뜨기를 뜹니다.

17 사슬코 2코를 뜹니다.

18 같은 자리에 짧은뜨기를 뜹니다(과정 12∼18은 가방 바닥의 모양을 만드는 방법 입니다).

19 모서리 부분을 뜬 후 짧은뜨기를 쭉 뜹니다.

20 다시 모서리 부분이 오면 과정 12∼18 을 반복해서 뜹니다.

21 첫 기둥코에 빼뜨기합니다.

22 기둥코를 세우고 기둥코 자리에 짧은 뜨기를 뜹니다.

23 모서리 부분을 뜹니다.

24 단수를 올려 네모난 바닥 모양을 뜹니다.

25 실을 길게 남겨 잘라줍니다.

▲▲▲ 몸판 만들기

26 바닥과 같은 실을 바닥 모서리 부분 사슬코에 걸어 묶어줍니다.

27 기둥코를 세워줍니다.

28 사슬코 부분에 짧은뜨기 3개를 뜹니다.

29 모서리 부분의 사슬코에만 짧은뜨기 3개를 뜨고 나머지는 한 코에 짧은뜨기를 하나씩 뜹니다.

30 모두 뜬 다음 기둥코에 빼뜨기를 합니다.

31 기둥코를 세우고 과정 28~30을 반복해 9~14단까지 뜹니다.

32 기둥코를 세워줍니다.

33 사슬코 1코를 뜨고 한길긴뜨기를 합니다.

34 바늘에 실을 한 번 감아줍니다.

248

35 2코를 건너뛰고 바늘을 넣어 실을 걸어줍니다.

36 한길긴뜨기를 뜹니다.

37 사슬코를 하나 만듭니다.

38 같은 자리에 한길긴뜨기를 뜹니다.

39 과정 35~38을 반복해서 떠 기둥코에 빼뜨기로 15단을 완성합니다.

40 기둥코를 세웁니다.

41 기둥코 자리에 한길긴뜨기 2개를 뜹니다.

42 15단의 한길긴뜨기 사이 사슬코에 한길긴뜨기 3개를 뜹니다.

43 과정 42와 같은 방법으로 16단을 뜬 후 빼뜨기를 합니다.

44 기둥코를 세우고 짧은뜨기를 뜹니다.

45 사슬코 3코를 뜹니다.

46 16단의 3개 한길긴뜨기 중앙코에 짧은뜨기를 뜹니다.

47 과정 45~46을 반복해서 17단을 뜹니다.

48 빼뜨기를 하고 기둥코를 세워줍니다.

49 짧은뜨기를 뜨고 사슬코 3코를 만들어줍니다.

50 17단의 사슬코에 짧은뜨기를 뜹니다.

51 사슬코 3개를 뜨고 과정 50을 반복해서 떠준 후 빼뜨기를 해 18단을 완성합니다.

52 기둥코와 사슬코 하나를 뜹니다.

53 한길긴뜨기를 뜹니다.

54 바늘에 실을 감아 다음 코에 바늘을 넣어줍니다.

55 한길긴뜨기, 사슬코, 한길긴뜨기를 같은 자리에 떠줍니다.

56 과정 **55**를 반복해서 떠 준 후 빼뜨기 해 19단을 완성합니다.

57 보라색 실로 31단까지 뜬 후 실을 자릅니다.

58 주황색 실을 묶어 주고 기둥코를 세워줍니다.

59 16단과 같은 방법으로 32단을 뜹니다.

60 16단, 17단, 18단, 19단을 반복해서 쭉 뜬 후 무늬를 만들어줍니다.

61 43단까지 뜬 후 기둥코를 세우고 짧은뜨기를 뜹니다.

62 한 코에 짧은뜨기를 하나씩 떠갑니다.

63 빼뜨기를 하고 짧은뜨기를 2단 더 떠 줍니다.

64 기둥코를 세우고 짧은뜨기 4코를 뜹 니다.

65 사슬코를 뜹니다(가방끈).

66 22코를 건너뛰고 짧은뜨기를 뜹니다.

67 짧은뜨기 37코를 뜹니다.

68 사슬코를 뜹니다(가방끈).

69 22코를 건너뛰고 짧은뜨기를 뜹니다.

70 빼뜨기로 마무리하고 기둥코를 세워 준 후 짧은뜨기를 뜹니다.

71 사슬코에도 짧은뜨기를 뜹니다.

72 사슬코의 뒤쪽 사슬코 산을 잡고 짧은 뜨기해주면 가장자리 부분이 깔끔해 보입니다.

73 가방끈이 만들어지도록 짧은뜨기로 단을 올려 뜹니다.

74 모두 뜬 후 빼뜨기로 마무리합니다.

75 실을 자르고 실을 정리해줍니다.

76 숄더백이 완성되었습니다. .

코바늘로 만든 크로스백은 고정되지 않아 힘이 없어 보입니다.

그래서 안감을 넣어 튼튼하게 만들어 보았어요.

이런 크로스백에 예쁜 단추를 달아주는 것은 덤이겠죠.

다양한 패치로 자신만의 크로스백을 만들어 보세요.

모티브 패치 크로스백

LESSON 24

모티브 패치 크로스백

• 뜨개 도안 : **284p**

Info.

- **완성 크기**
  21cm×46cm(끈 제외)

- **재료**
  ❶ 회색
  ❷ 분홍색 실 50g
  ❸ 코바늘 5호
  ❹ 돗바늘
  ❺ 안감 원단

- **재단 크기**
  안감 : 23.5cm×48cm(시접 1cm 포함 크기입니다).
  *안감 크기는 모티브 가방이 완성된 크기에 따라 약간의 차이는 있습니다.

▲▲▲ 모티브 만들기

01 실뭉치 가운데에서 실을 뺍니다.

02 실을 두 번 감아 원형코를 만들어줍니다.

03 원형코 안으로 바늘을 넣어 실을 걸어 뺍니다.

04 기둥코를 만들어줍니다.

05 한길긴뜨기 3개를 뜹니다.

06 사슬코 3코를 뜹니다.

07 한길긴뜨기 4개를 뜹니다.

08 사슬코를 뜹니다.

09 모두 뜬 다음 기둥코에 바늘을 넣어줍니다.

10 빼뜨기를 합니다.

11 다음 코를 한길긴뜨기에 빼뜨기를 합니다.

12 한길긴뜨기 3개를 모두 빼뜨기하고 사슬코 부분에 빼뜨기를 합니다(기둥코를 사슬코 자리에서 시작하기 위해 빼뜨기로 이동합니다).

13 기둥코를 세워줍니다.

14 한길긴뜨기 2개를 만들어줍니다.

15 사슬코 3코를 만듭니다.

16 같은 자리에 한길긴뜨기 3개를 뜹니다.

17 다음 사슬코 자리에 한길긴뜨기 3개를 뜹니다.

18 사슬코 3개를 뜨고 한길긴뜨기 3개를 뜹니다.

19 반복해서 떠준 다음 기둥코에 바늘을 넣습니다.

20 빼뜨기를 합니다.

21 빼뜨기를 반복해 기둥코가 사슬코 자리에 오도록 만들어 단을 올려줍니다.

22 4단까지 떠 모티브를 완성한 후 사슬
코 하나를 만들어줍니다.

23 실을 길게 남겨 잘라줍니다.

▲▲▲ 두 개의 모티브 연결하기

24 4단까지 완성된 분홍색 모티브를 준
비하고 회색 모티브는 모서리 부분의 사슬
코 하나까지 떠 준비합니다.

25 분홍색 모티브에 바늘을 넣어 실을 걸
어줍니다.

26 바늘을 뺍니다.

27 사슬코 하나를 뜹니다.

28 한길긴뜨기 3개를 뜹니다.

29 분홍색 모티브에 바늘을 넣어 실을 걸
어줍니다.

30 바늘을 뺍니다.

31 다음 코에 한길긴뜨기를 떠줍니다.

32 분홍색 모티브에 바늘을 넣어 실을 걸어줍니다.

33 모서리 사슬코 부분에 한길긴뜨기를 뜨고 사슬코를 하나 만들어줍니다.

34 분홍색 모티브 모서리 사슬코에 바늘을 넣어 실을 걸어줍니다.

35 바늘을 빼고 사슬코 하나를 만들어줍니다.

36 같은 자리에 한길긴뜨기를 모두 떠 준 다음 나머지 부분을 완성해줍니다.

▲▲▲ 1단과 2단 연결하기

37 5단의 모서리 부분 사슬코 1코를 뜨고 연결된 1단 모티브의 모서리 부분에 바늘을 넣어 빼뜨리기를 합니다.

38 같은 자리에 한길긴뜨기 3개를 뜨고 모티브를 연결합니다.

39 모서리 부분의 사슬코 자리까지 1단의 모티브와 연결해 떠 준 다음 나머지 부분을 완성해줍니다.

40 분홍색 모티브를 같은 방법으로 연결해 주고 모서리 부분의 한길긴뜨기 3개, 사슬코 1코를 뜨고 회색 모티브 모서리에 바늘을 넣어 실을 걸어줍니다.

41 바늘을 뺍니다.

42 회색 모티브에 바늘을 넣어 실을 걸어줍니다.

43 바늘을 빼고 사슬코 하나를 만들어줍니다.

44 한길긴뜨기 3개를 뜨고 다음은 모티브 2개를 연결하는 방법과 동일하게 연결해줍니다.

▲▲▲ 연결하기

45 완성된 두 장을 준비합니다.

46 겉면이 마주 보도록 배치합니다.

47 두 장을 마주 대고 모서리 부분에 회색 실을 묶어준 다음 사슬코를 만들어줍니다.

48 짧은뜨기를 떠줍니다.

49 두 장을 한 번에 바늘을 넣어 실을 걸어줍니다.

50 바늘을 뺀 후 바늘에 실을 걸어줍니다.

51 실을 빼 바늘에 걸린 2개의 고리를 한 꺼번에 뺍니다(과정 49~51은 두 장을 한 꺼번에 짧은뜨기하는 방법입니다).

52 3면을 모두 짧은뜨기로 연결해줍니다.

53 몸판이 완성됩니다. 겉면이 보이도록 뒤집어 줍니다.

54 사슬코로 열린 입구 부분에 실을 묶어 기둥코를 만듭니다.

55 다음 코에 한길긴뜨기를 뜹니다.

56 한 코에 하나씩 한길긴뜨기를 떠줍니다.

57 한길긴뜨기를 모두 뜬 후 2단을 완성합니다.

▲▲▲ 안감 만들기

58 안감과 실, 바늘을 준비합니다.

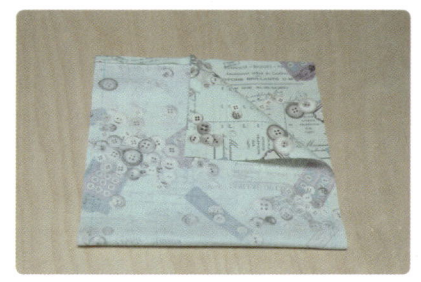

59 입구 부분 시접을 안쪽으로 접어 다려 준 다음 겉감이 마주 보도록 반으로 접어 줍니다.

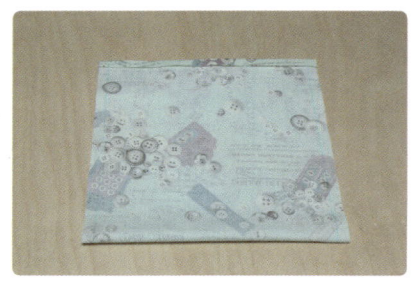

60 양 옆선을 박음질해줍니다.

61 모티브가 연결된 몸판에 안감을 넣어 줍니다.

62 입구 부분에 시침핀을 꽂아 안감을 고 정합니다.

63 홈질로 몸판과 안감을 연결합니다(이 때 실이 겉면에 보이지 않게 뜨개 부분은 바늘로 반만 떠서 홈질해줍니다).

64 입구 부분을 홈질로 완성합니다.

▲▲▲ 가방끈 만들기

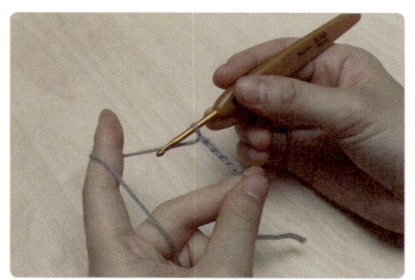

65 사슬코를 5개 뜹니다.

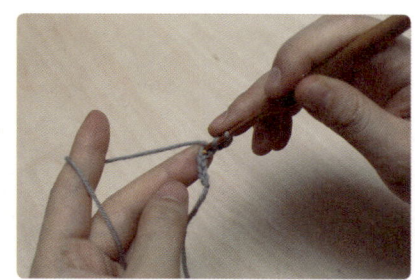

66 바늘에 실을 한 번 감아 네 번째 사슬코에 바늘을 넣어줍니다.

67 한길긴뜨기를 떠줍니다.

68 한길긴뜨기를 3개 더 떠줍니다.

69 기둥코 1코를 만듭니다.

70 몸판을 뒤로 돌려줍니다.

71 기둥코 자리에 짧은뜨기를 뜹니다.

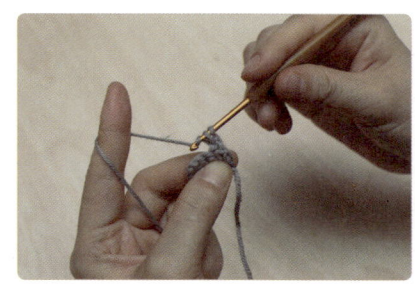

72 나머지 짧은뜨기를 모두 뜹니다.

73 몸판을 뒤로 돌려줍니다.

74 사슬코 3코를 떠줍니다.

75 과정 67~73을 반복해 떠줍니다.

76 가방끈을 모두 떠줍니다.

77 모두 뜬 다음 실을 잘라 정리합니다.

78 완성된 가방 몸판 안감 쪽에 바늘로 가방끈을 고정한 다음 실과 바늘로 연결해 줍니다.

79 다른 쪽도 가방끈을 연결해줍니다.

80 가방끈을 모두 달아 완성합니다.

▲▲▲ 단춧고리 만들기

01 입구 안쪽 중심의 안감 바로 윗부분에 바늘을 넣어 실을 걸어 묶어줍니다.

02 사슬코 25코를 떠줍니다.

03 실을 묶은 바로 옆 코에 바늘을 넣어 실을 걸어 빼뜨기를 합니다.

04 실을 길게 남겨 자르고 돗바늘로 실을 정리해줍니다.

05 고리가 완성됩니다.

06 단추를 퀼팅실 두 겹으로 달아줍니다.

07 모티브 패치 크로스백이 완성됩니다.

HAND-KNIT DESIGN

손뜨개 도안

drawing

drawing

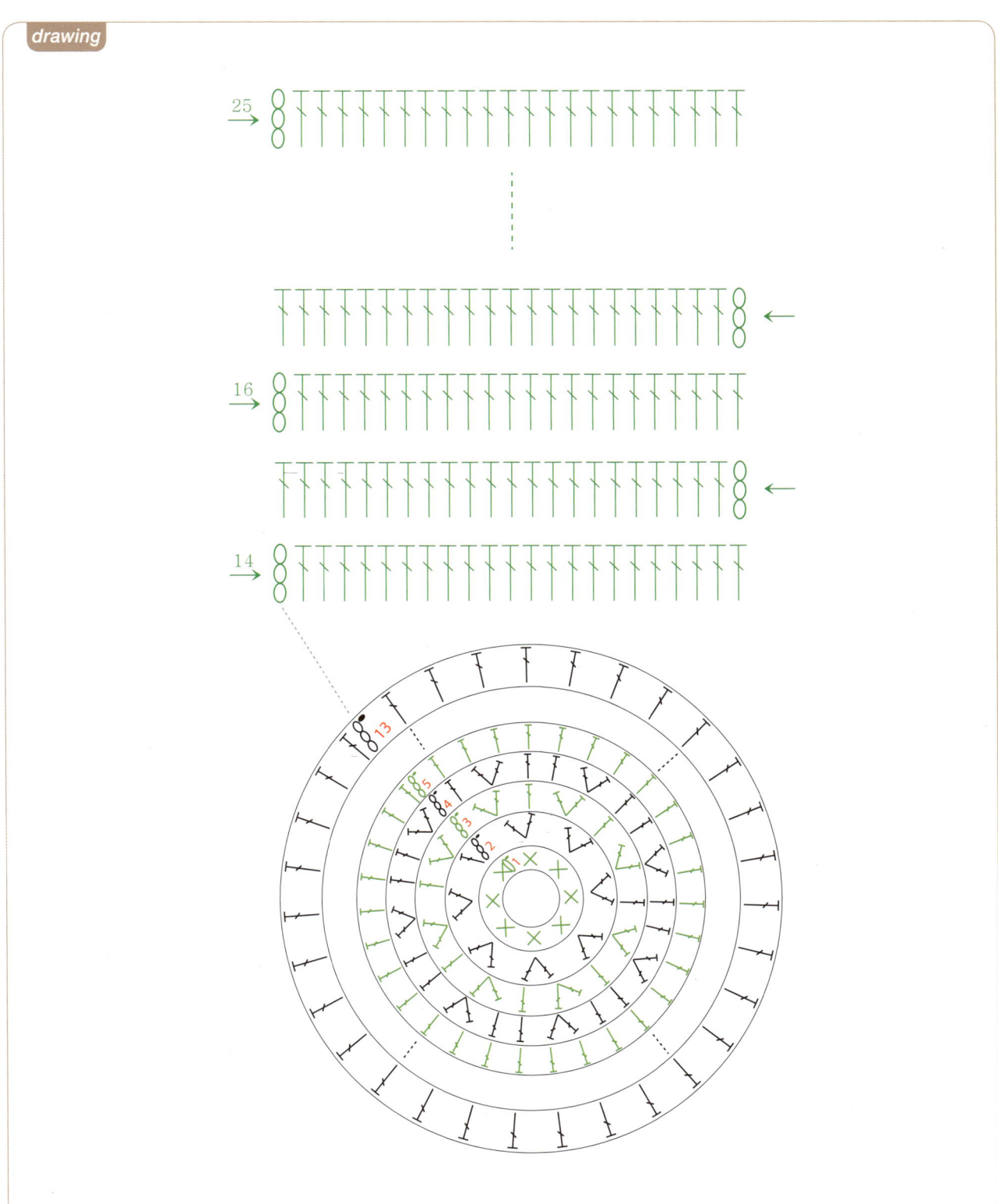

drawing

몸판

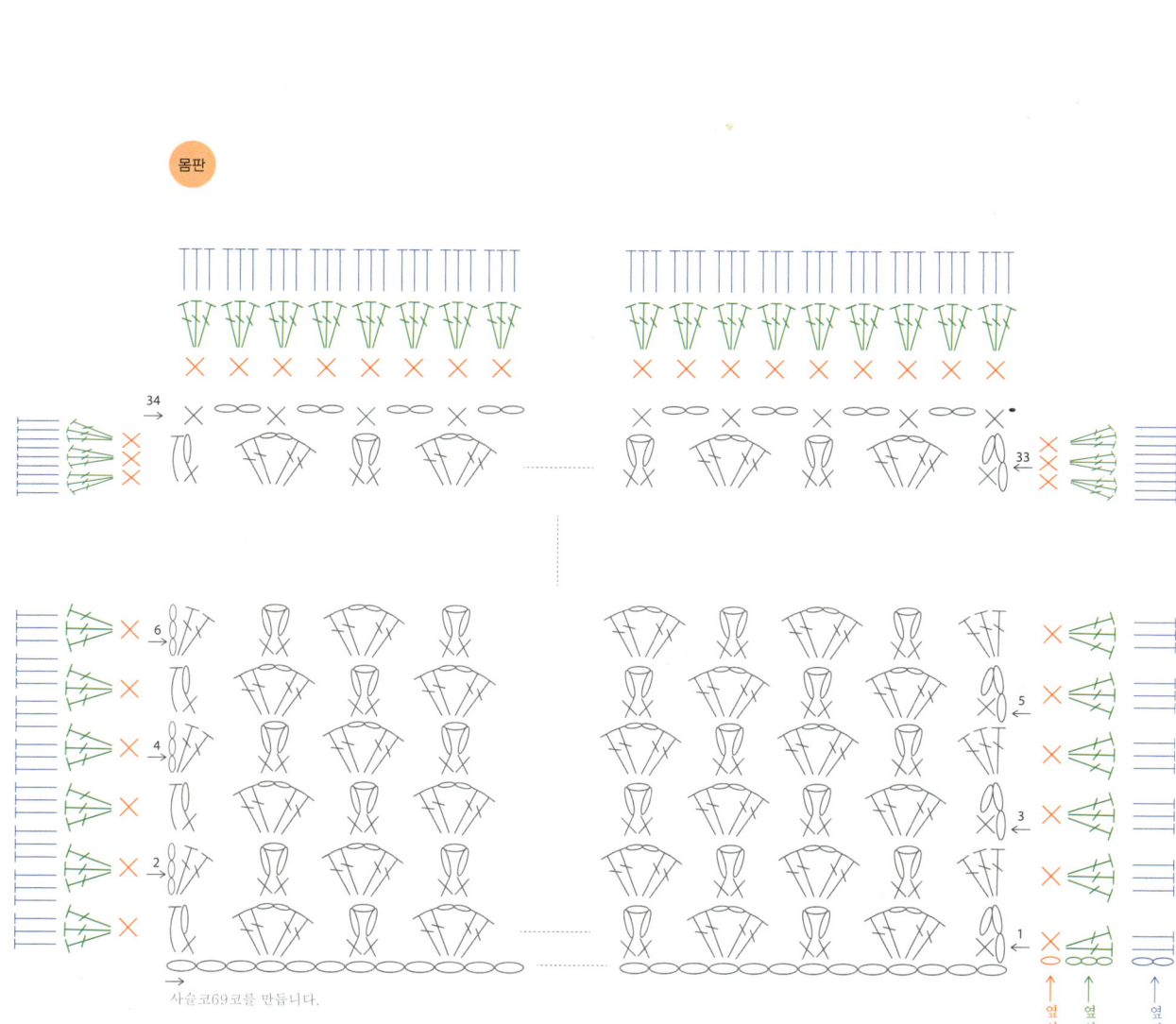

사슬코69코를 만듭니다.

허리끈

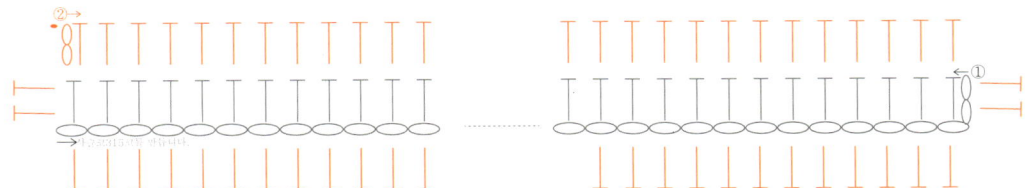

주머니

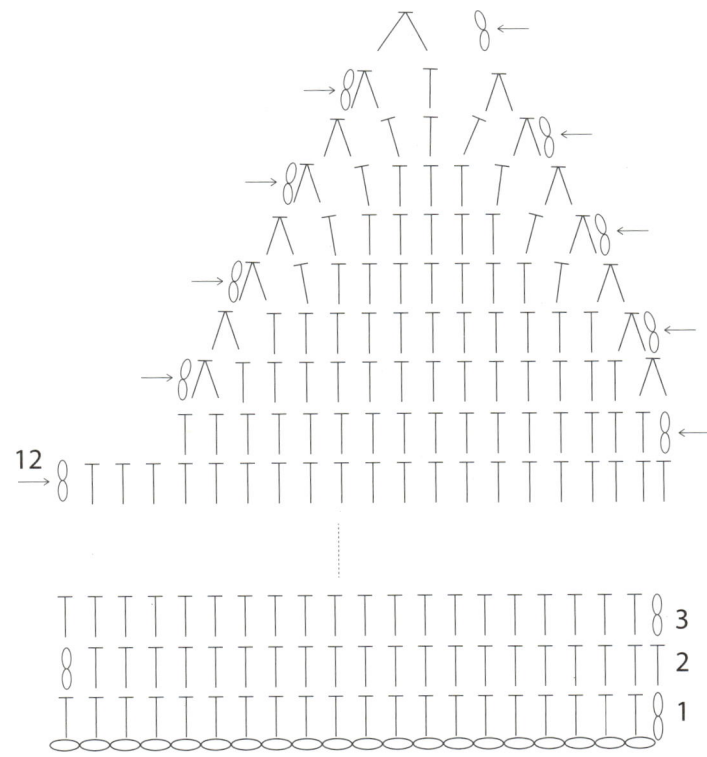

12
→

3
2
1

drawing

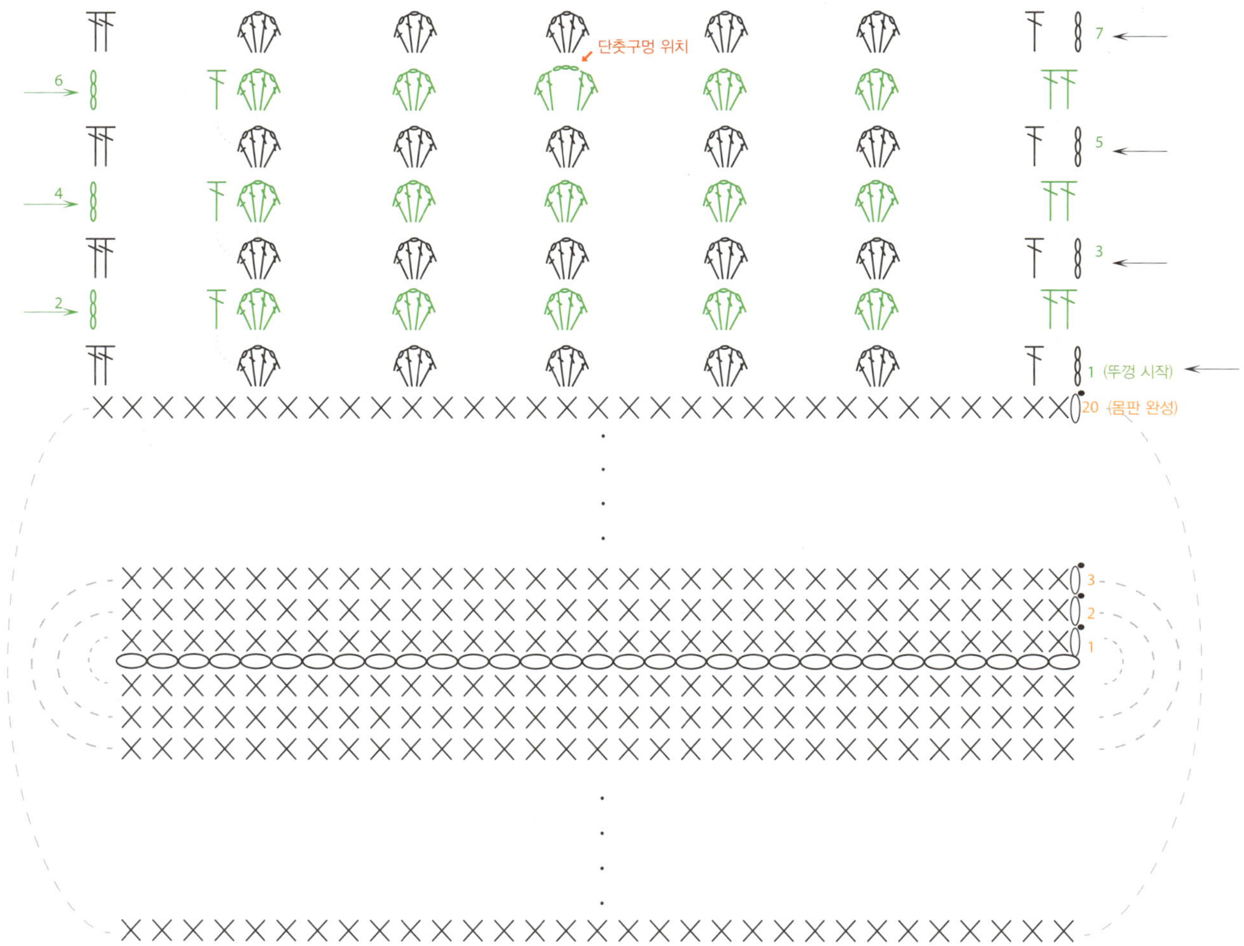

단춧구멍 위치

7

6

5

4

3

2

1 (뚜껑 시작)

20 (몸판 완성)

3

2

1

drawing

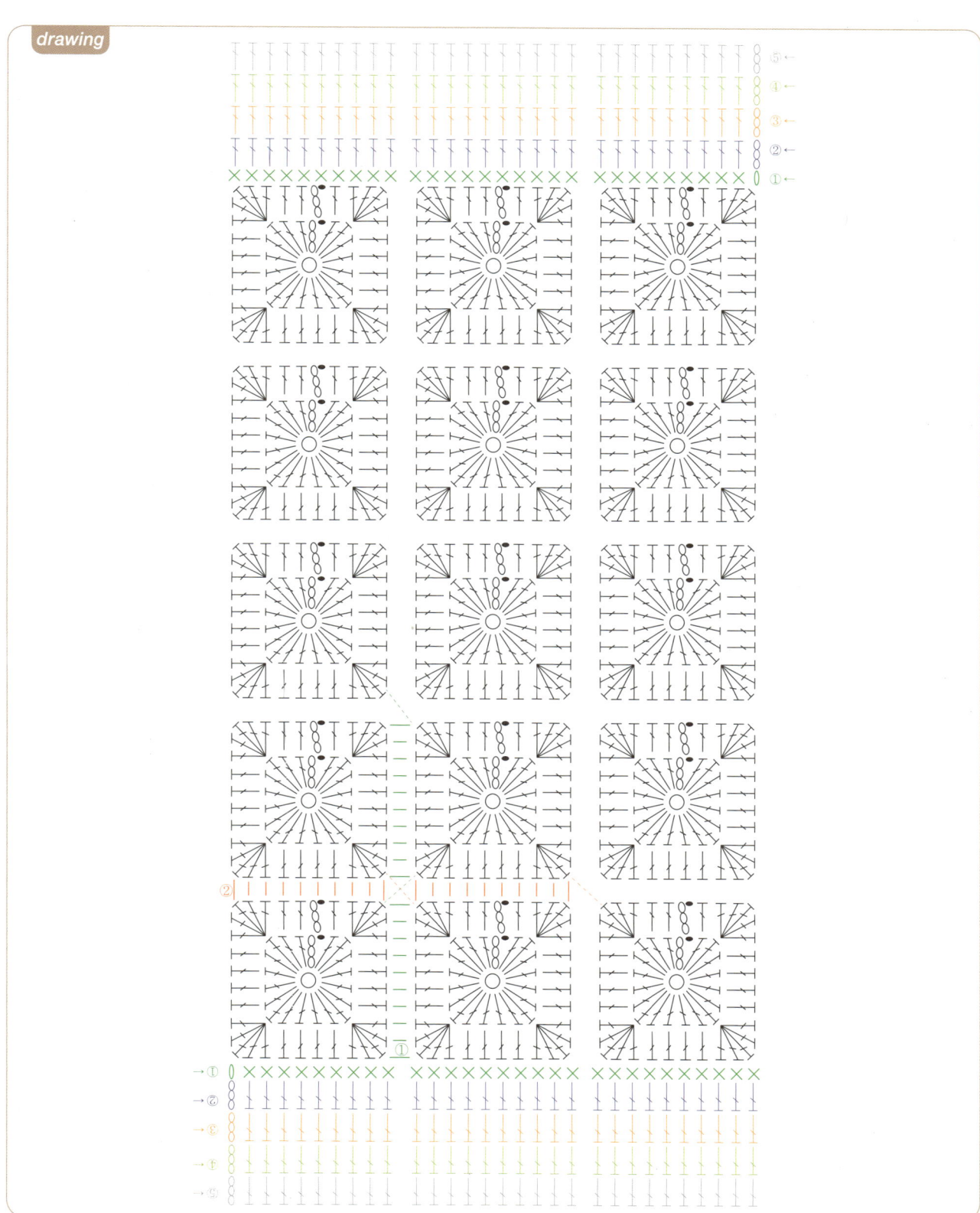

drawing

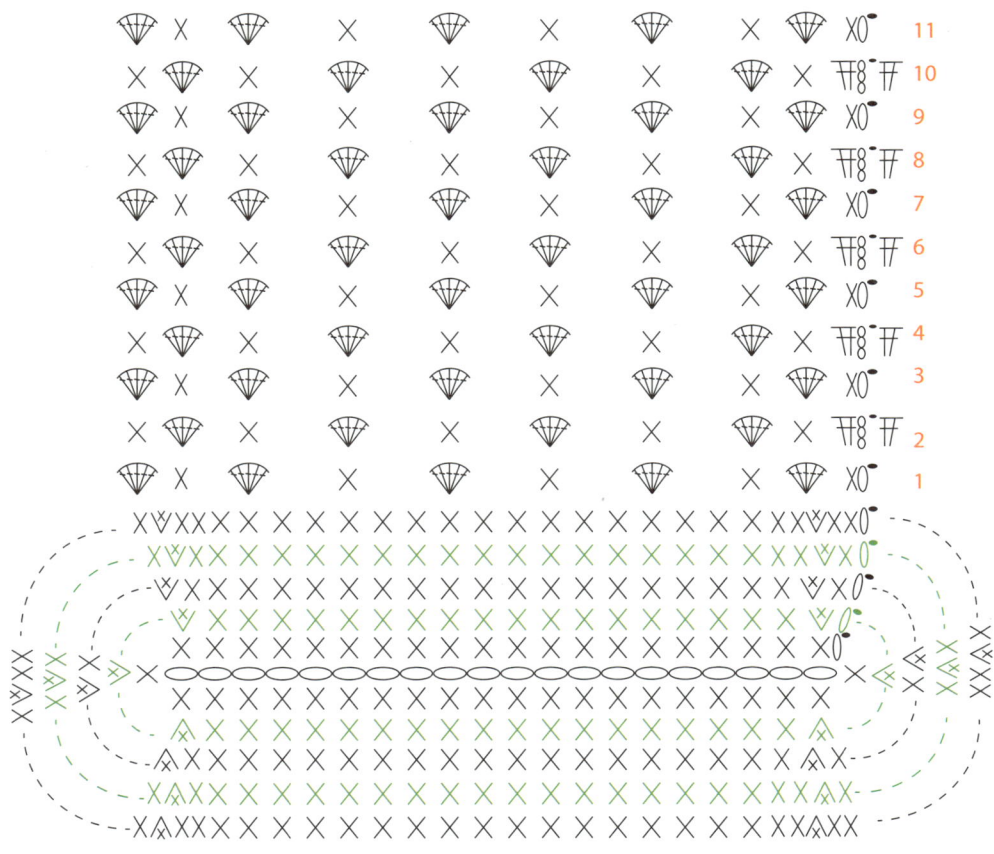

drawing

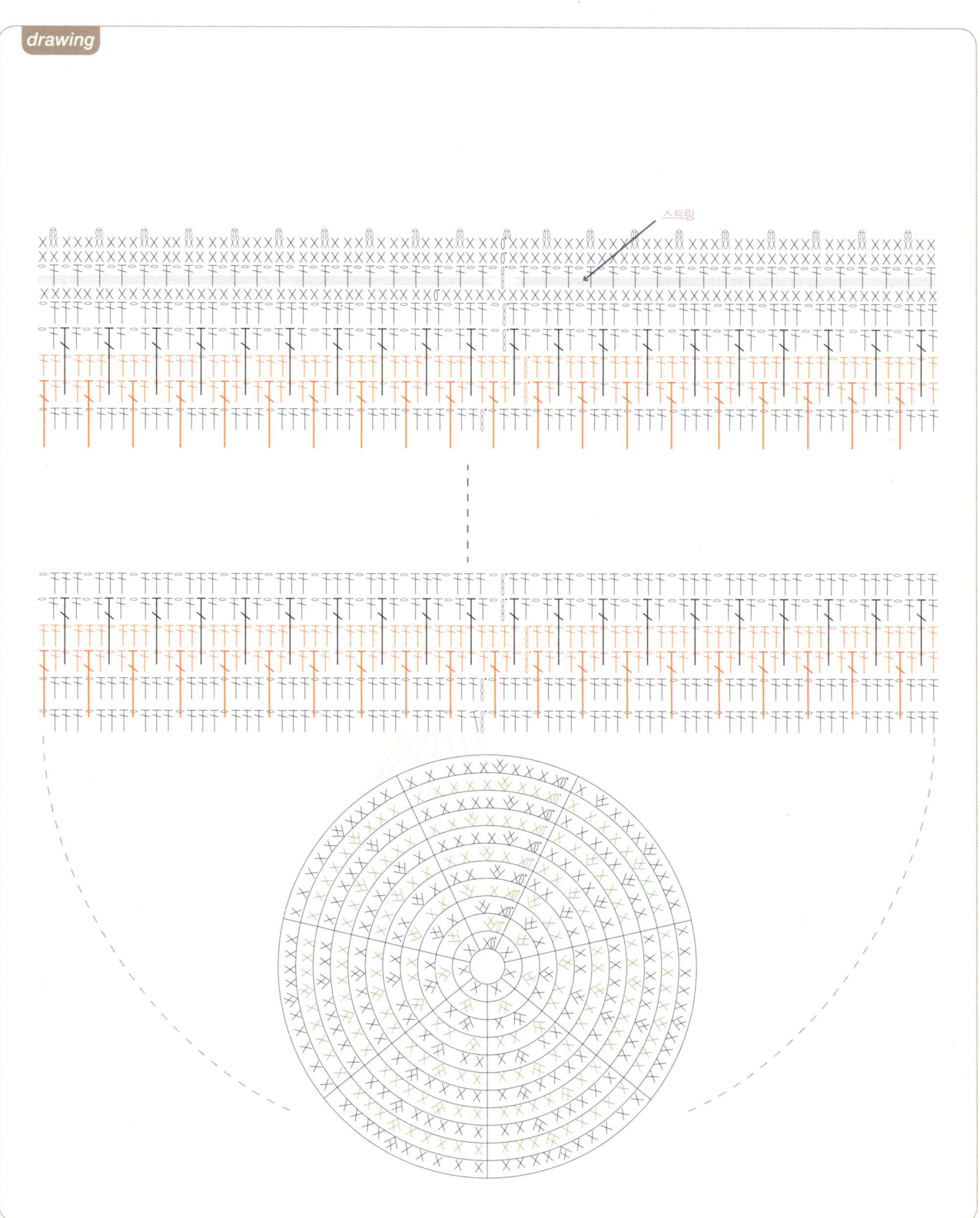

스트링

drawing

실색 바꾸는 모티브 패턴

한 가지 실로 만드는 모티브 패턴

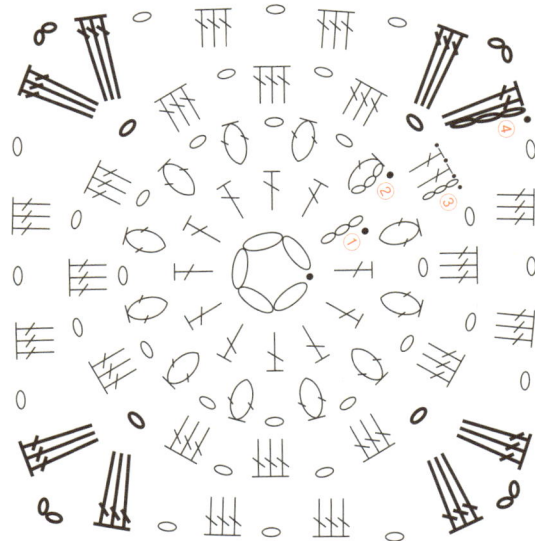

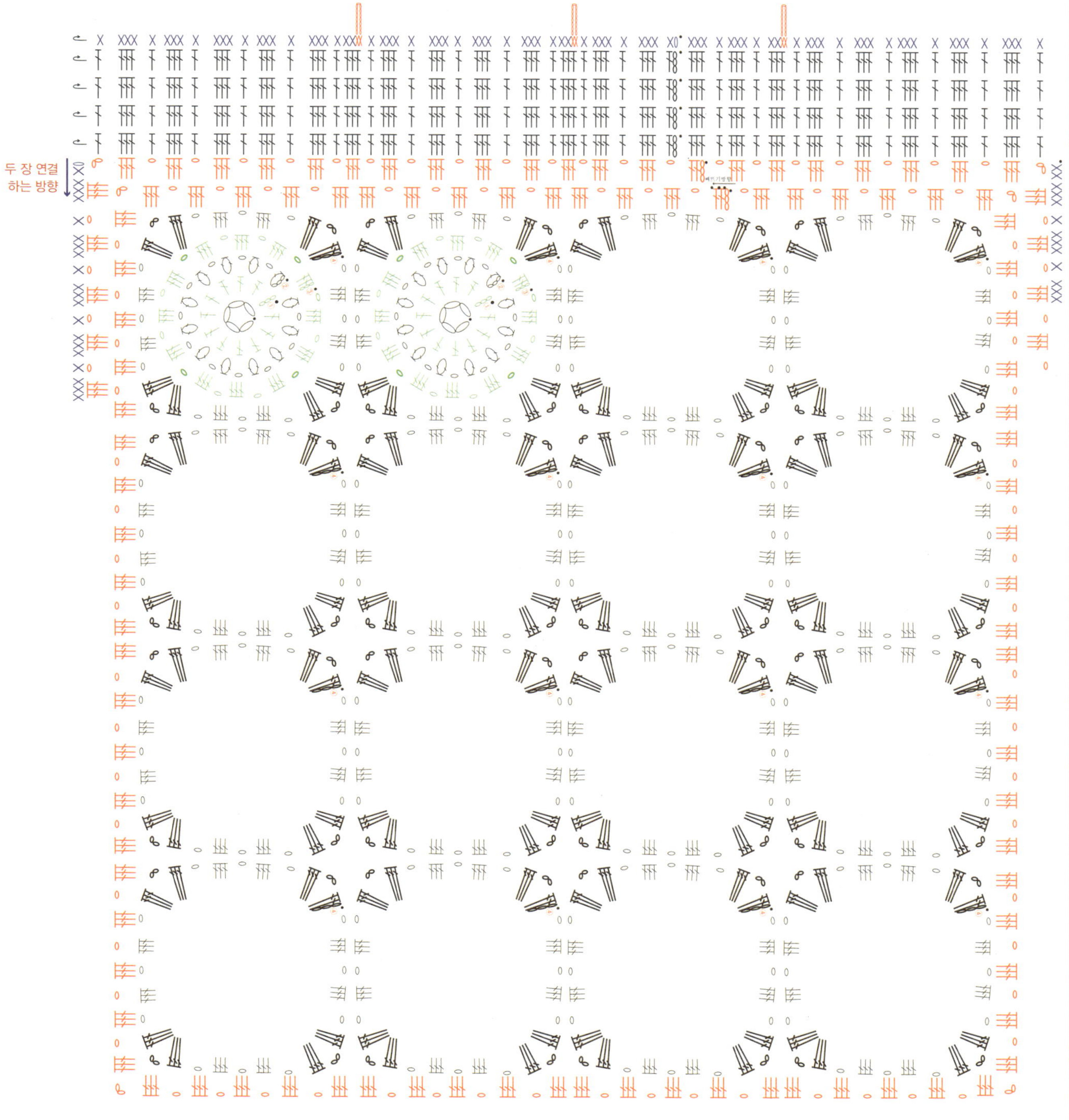
두 장 연결
하는 방향

drawing

〈모티브〉

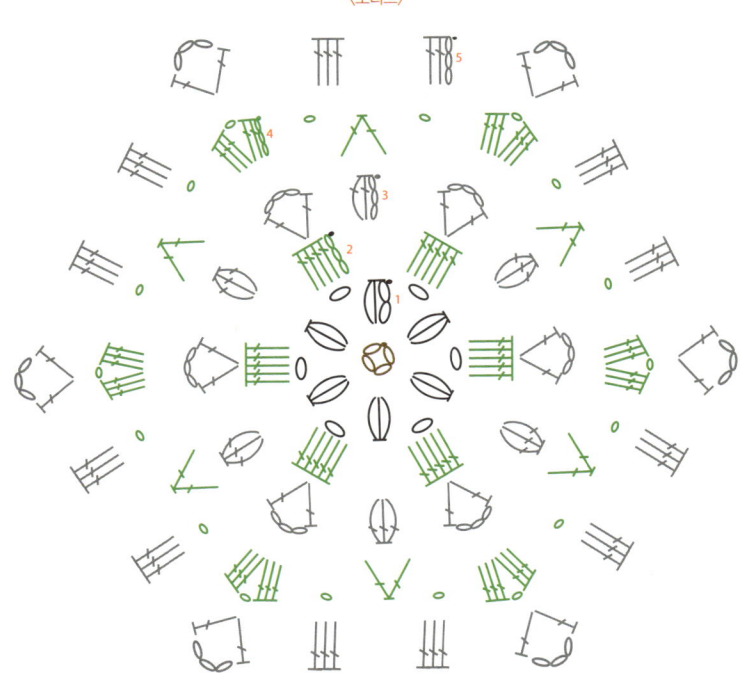

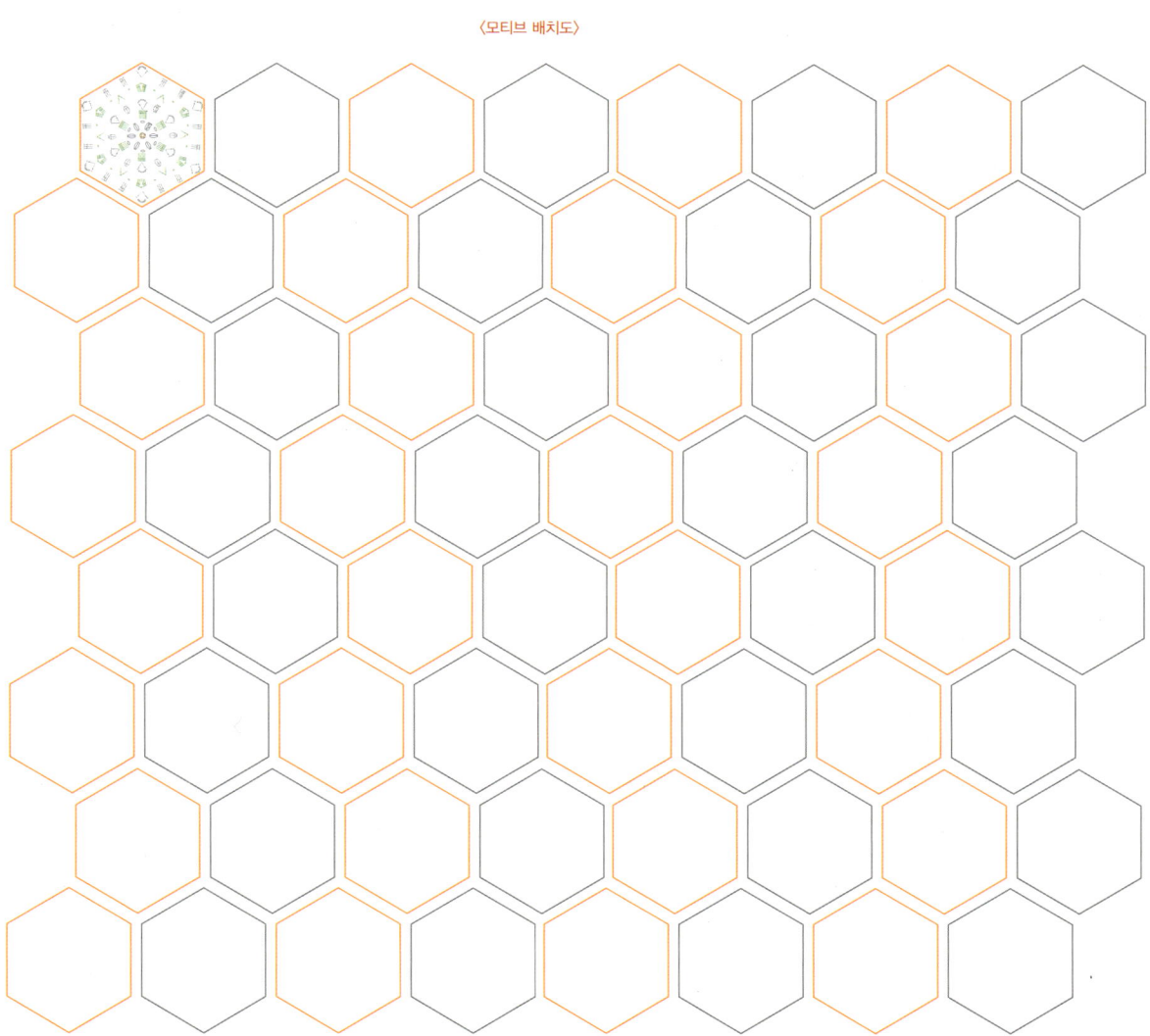

〈모티브 배치도〉

drawing

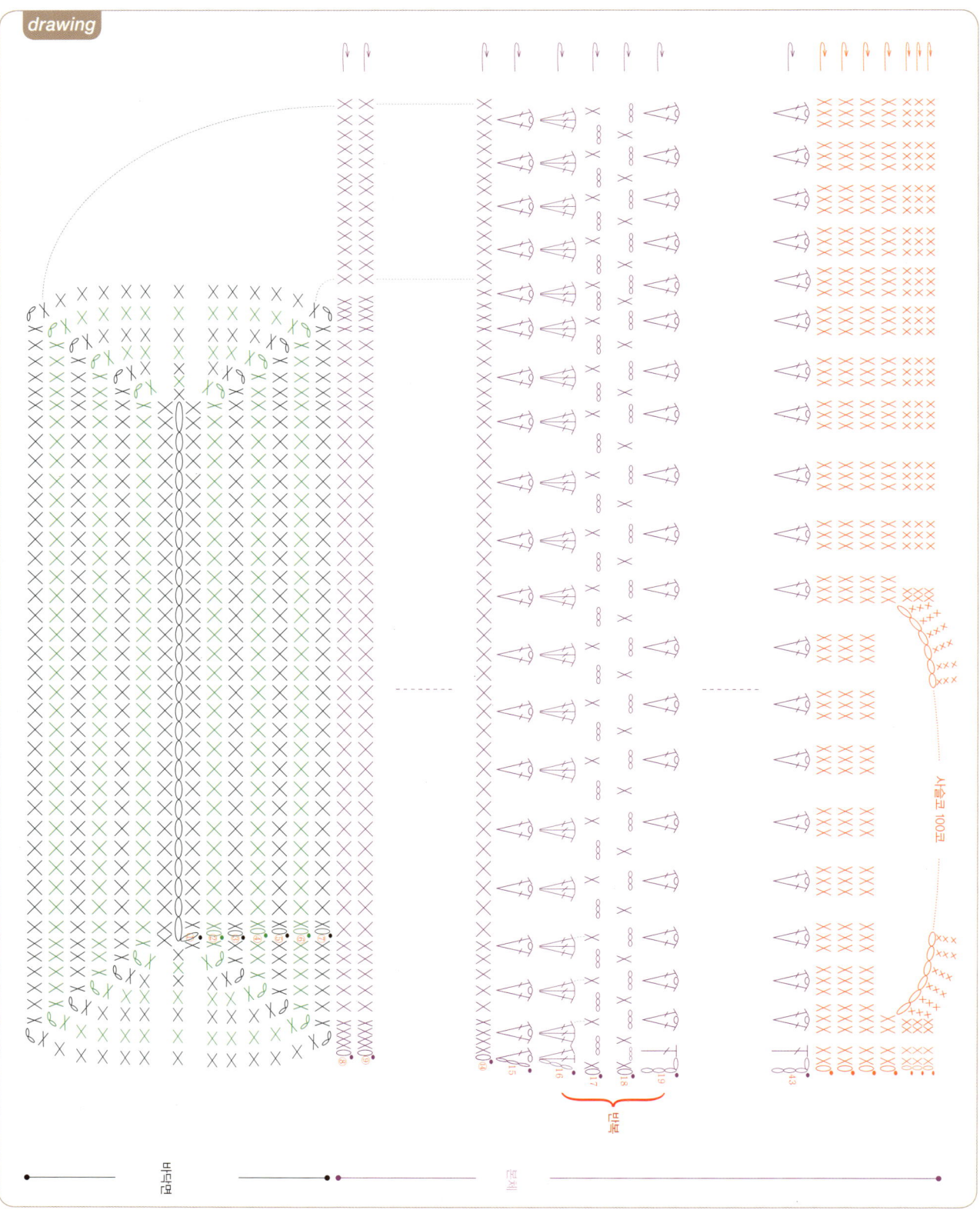

drawing

(모티브 도안)

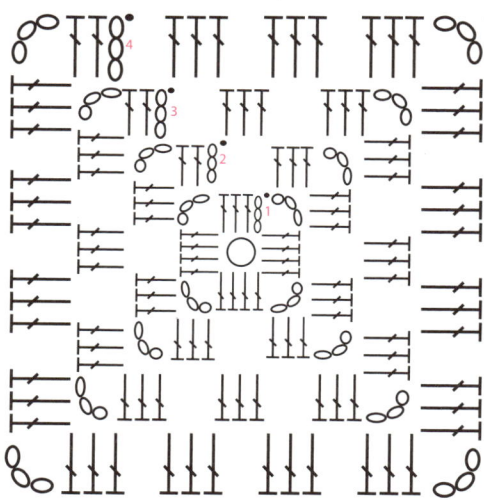

(가방끈)

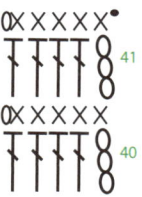

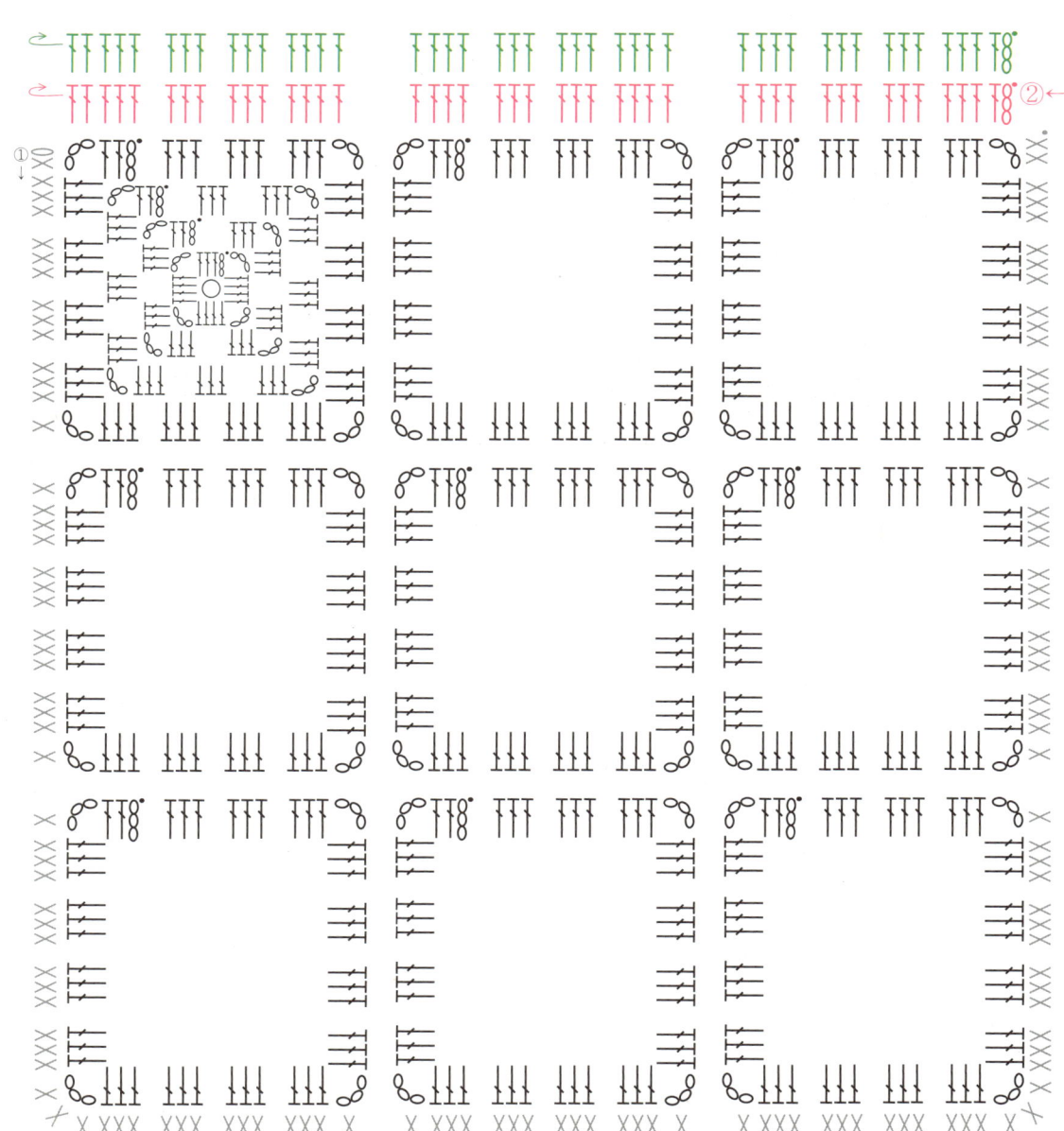

Sewing. My Passion.

performance™ 5.0

파프미싱 한국 본사 | www.pfaff.kr

PFAFF
Perfection starts here.™

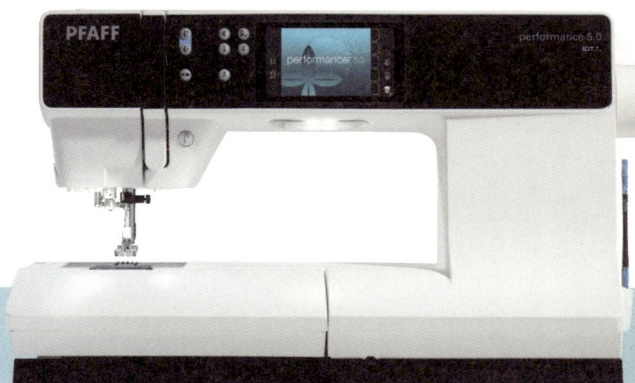

performance™ 5.0

특징과 장점
TOP FIVE FEATURES*

1 PFAFF® **Creative™** 컬러 터치 스크린
고해상도 디스플레이는 실제 크기의 스티치를 보여줍니다. 직관적인 레이아웃으로
이해하기 편합니다.

2 **Maxi Stitches** (폭 넓은 스티치의 활용)
폭 48mm의 넓은 스티치 패턴까지 작업(모노그램)이 가능하여 작품에 미적 요소를
더욱 강조할 수 있습니다.

3 특별한 **Stitch Creator™** 기능
새로운 9mm 스티치를 만들거나 내장된 스티치 패턴을 활용하여 무제한적인 창조가
가능합니다.

4 오리지널 **IDT™ System**
40년 독보적인 파프만의 기술! 듀얼피드 내장 IDT 시스템이 안정적으로 원단을 공급
하므로 퀼팅 작업시 천밀림없는 원할한 작업이 가능합니다.

5 직선 스티치 전용 **Needle Plate Sensor**
PFAFF® performance™ 5.0은 직선 박음질을 보다 완벽하게 구현하기 위해 직선
스티치 시도시 경고 메시지를 알려주며, 직선 전용 박음질 침판을 장착하여 보다
완벽한 재봉이 가능합니다.